Pamela Preisendörfer

GLAUBENSSÄTZE & ÜBERZEUGUNGEN

Von mentaler Selbstsabotage
zu innerer Stärke und Ausstrahlung

WINDPFERD

Hinweis: In diesem Buch können Sie sich über bestimmte Selbsthilfe-Techniken informieren, die sich in der Praxis als sicher und effektiv bewährt haben und die hier nach bestem Wissen und Gewissen dargestellt sind. Wer sie anwendet, tut dies grundsätzlich stets in eigener Verantwortung. Weder die Autorin noch der Verlag beabsichtigen, individuelle Diagnosen zu stellen oder Therapieempfehlungen zu geben. Die Informationen und hier beschriebenen Techniken sind nicht als Ersatz für ärztlichen Rat oder ärztliche Hilfe bei gesundheitlichen Problemen zu verstehen. Autorin und Verlag übernehmen daher auch keinerlei Haftung für Schäden, die sich eventuell aus dem Gebrauch oder Missbrauch der in diesem Buch erläuterten Techniken ergeben könnten. Aus Datenschutzgründen wurden Namen und Teile der Fallbeispiele bewusst verfremdet.

Ein Teil der Erlöse durch den Verkauf dieses Buches kommt den Nitya-Seva-Kindern zugute. Die Nitya-Seva-Kinder sind Waisenkinder im indischen Bhopal, die das Glück haben, im Kinderheim – anstatt ohne Eltern unter menschenunwürdigen Bedingungen auf der Straße – zu leben. Wenn Sie mehr über dieses Kinderheim erfahren und sich für die Zukunft der Kinder engagieren möchten, besuchen Sie bitte die Website www.nityaseva.eu

Windpferd Taschenbuch
10036

3. Auflage 2015

Die Erstausgabe ist unter dem Titel *Glaubenssätze, Überzeugungen & Co.*
im Windpferd Verlag erschienen.

Umschlaggestaltung: Andrea Barth – Guter Punkt/Agentur für Gestaltung
Bildquelle Cover: © Gangster/shutterstock
Illustrationen im Innenteil: Norbert Preisendörfer
Lektorat: Dörte Fischer
Gesetzt aus der Adobe Garamond
Druck: PHOENIX PRINT GmbH

MIX
Papier aus verantwortungsvollen Quellen
FSC® C095359

Printed in Germany
ISBN 978-3-86410-036-9
www.windpferd.de

**In Liebe gewidmet
meinen Eltern
und meiner Tochter Sophie**

Inhalt

Wir alle leben ohne Ausnahme in unseren eigenen,
von höchst individuellen Glaubenssätzen und
Kernüberzeugungen gesteuerten Systemen,
die von Zeit zu Zeit einer kritischen Überprüfung
hinsichtlich ihrer Haltbarkeit und Nützlichkeit bedürfen.

Dr. Fred P. Gallo, Begründer der Energetischen Psychologie

Einleitung

Achte auf deine Gedanken, denn sie werden Worte.
Achte auf deine Worte, denn sie werden Handlungen.
Achte auf deine Handlungen, denn sie werden Gewohnheiten.
Achte auf deine Gewohnheiten, denn sie werden dein Charakter.
Achte auf deinen Charakter, denn er wird dein Schicksal.

Neue Chancen: Entscheiden Sie heute, wer und wie Sie morgen sind!

Vermutlich haben Sie dieses Buch gekauft, weil Sie den Wunsch haben, ein positives, glückliches und erfolgreiches Leben zu führen. Sicherlich haben Sie auch gemerkt, dass sich dieser Wunsch nicht immer ganz leicht in die Tat umsetzen lässt. Sie wundern sich vielleicht, dass trotz bester Absichten und zahlreicher Anläufe immer irgendetwas schiefzugehen scheint und Sie das Ziel einfach nicht erreichen, das Sie sich vorgenommen haben. Vielleicht sind Sie inzwischen sogar ziemlich frustriert und verärgert. „Etwas" scheint Sie ständig von dem Weg abzubringen, den Sie „eigentlich" einschlagen wollten, und sabotiert Ihre besten Absichten und Pläne. Was Sie erleben, ist vollkommen normal.

Die Stimme unserer mentalen Selbstsabotage sagt uns: Sehr viel von dem, was wir wollen, dürfen wir nicht. Sehr viel von dem, was wir wollen, trauen wir uns nicht zu. Und für vieles sind wir überhaupt nicht gut genug.

Dieses Buch zeigt Ihnen Wege aus Ihrer mentalen Selbstsabotage, die Sie davon abbringt, das zu tun oder zu erreichen, was Sie sich vorgenommen haben. Es ist gleichzeitig die Geschichte von vielen Menschen, die sich aus der Wiederholungsschleife einschränkender Glaubenssätze und Kernüberzeugungen befreit haben. Tief in uns allen sitzt ein enormes Potenzial. Es geht darum, dieses Potenzial freizulegen und ihm Flügel zu verleihen.

Ich bekam meine Flügel von Dr. Fred P. Gallo verliehen, einem der wunderbarsten Lehrer, den ich kenne. Er gab mir das Vertrauen in mich selbst zurück, das ich als Kind während der Schulzeit verloren hatte.

Indem ich seine Methoden anwendete, gelang es mir, die tiefliegenden Überzeugungen zu überwinden, die mich zeitlebens begleitet hatten: „Ich darf nicht an erster Stelle stehen – ich bin nicht gut genug." Diese Überzeugungen benennen zu können und ihnen Gestalt zu geben, war eine Offenbarung. Denn sie waren mir überhaupt nicht bewusst gewesen. Plötzlich bekam ich eine Erklärung für mein Lebensgrundgefühl. Aber es kam noch besser: Mit Dr. Gallos Methode bekam ich eine Transformationsmöglichkeit geschenkt. Ich lernte, auf die Qualität meiner Gedanken zu achten und mein körpereigenes Energiesystem zur Auflösung meiner mentalen Selbstsabotage einzusetzen. Und dieses Geschenk möchte ich mit Ihnen in diesem Buch teilen.

Wenn Sie sich wundern, dass trotz bester Absichten und zahlreicher Anläufe immer irgendetwas schiefzugehen scheint und Sie von Ihrem Ziel abhält, könnten Ihre inneren Saboteure am Werk sein. Deren Gestalt wird Sie vermutlich überraschen: Es sind nicht nur Glaubenssätze und Überzeugungen, die hier wirken. Ihr Energiesystem spielt dabei eine wesentliche Rolle.

So wie die Begegnung mit Dr. Gallo mein Leben maßgeblich veränderte, hat die Begegnung mit zwei Autorinnen mir viele Erkenntnisse zu meinen Glaubenssätzen und Überzeugungen gebracht: Louise L. Hay und Byron Katie. Ihnen verdanke ich unter anderem, dass meine Gesundheit spürbar gestärkt und meine Lebensfreude erheblich gesteigert wurde. Für ihre Pionierarbeiten und kontinuierliche Entwicklung des Themas empfinde ich allergrößten Respekt.

Im ersten und zweiten Teil dieses Buches können Sie herausfinden, was die mentale Selbstsabotage überhaupt ist und ob sie Ihr Leben hier und dort tatsächlich erschwert. Forschungsergebnisse der Neurowissenschaften und die Erfahrungen der Energetischen Psychologie zeigen, wie sabotierende Gedanken sich im Gehirn manifestieren und auch, dass sie wieder auflösbar sind. Welche Rolle die Familie und die Macht und Magie der Sprache dabei spielen, lesen Sie im dritten Teil des Buches. Schließlich erhalten Sie im letzten Teil mit zahlreichen Übungen in sieben Toolboxes die Schlüssel zu Ihrer eigenen Transformationsarbeit – damit auch Sie loslassen können, was Sie bremst, um Ihr volles Potenzial zu entfalten. Ich wünsche Ihnen auf Ihrem Weg zu Ihrer persönlichen Potenzialentfaltung alles Gute und viel Erfolg!

In Ihnen steckt mehr, als Sie denken

Unbewusste Gedanken können uns bremsen – müssen aber nicht

Die am tiefsten verinnerlichte Überzeugung bei allen, mit denen ich bisher gearbeitet habe, war: Ich bin nicht gut genug!

(Louise L. Hay) [1]

Haben Sie manchmal das Gefühl, dass Sie sich mehr als andere Menschen anstrengen müssen? „Offenbar funktioniert es bei anderen Menschen anders", denken Sie, „die anderen haben es immer leichter als ich." Sie dagegen kommen bei manchen Themen einfach nicht voran: Ob es die Präsentation bei Ihrem Chef ist, die nicht gelingen will, oder der nörgelnde Kunde, der immer bei Ihnen landet, das Bewerbungsgespräch für eine neue Stelle, bei dem Sie wieder einmal Ihre wahren Qualitäten nicht zeigen konnten – oder Ihre Beziehung, die zu scheitern droht. Dabei haben Sie vielleicht schon sehr viel an sich „gearbeitet". Sie sprechen mit Freunden über Ihre Probleme, Sie haben sich um Rat und Hilfe bemüht, eine Therapie gemacht und sich coachen lassen. Sie tun alles, um zu verstehen, warum dies oder jenes einfach nicht funktioniert oder zum wiederholten Mal nicht klappt.

Die Selbstsabotage geschieht im Unterbewusstsein. Sie wissen auf der bewussten Ebene ziemlich genau, was Sie wollen und in welche Richtung Sie gehen möchten. In Ihrem Unterbewusstsein macht Ihnen allerdings eine sabotierende Überzeugung einen Strich durch die Rechnung. Wenn Sie bewusst nach A gehen wollen, Ihr Unterbewusstsein läuft aber nach B, kommen Sie nicht in A an, egal wie lange Sie gehen und wie sehr Sie sich anstrengen.

Und so ist es mit jedem Ziel, das wir anstreben. Wir glauben, dass wir alles unternommen haben, damit wir es erreichen, aber der Grund, weshalb es nicht klappt, liegt nicht im bewussten Wollen, sondern im

Verborgenen. Solange unser Bewusstsein und Unterbewusstsein nicht aufeinander ausgerichtet sind, kommen wir unserem Ziel in keiner Weise näher. Sie können sich beispielsweise eine glückliche Beziehung wünschen, tragen aber die unbewusste Kernüberzeugung in sich, dass Sie es verdienen, verlassen zu werden. Sie sind deshalb vielleicht so kritisch und misstrauisch, dass Sie jeden potenziellen Partner in die Flucht schlagen, bevor die Beziehung überhaupt an Tiefe gewinnen kann. Vielleicht ist es sogar so, dass für Sie gar keine glückliche Beziehung möglich zu sein scheint.

Viele sabotierende Überzeugungen sind mit grundlegenden, tief liegenden Gedanken und Gefühlen verbunden, wie nicht liebenswert zu sein, nicht kompetent zu sein, nicht gewollt oder willkommen zu sein, nicht „richtig“ zu sein, anders zu sein, defekt zu sein, schlecht, machtlos oder in Gefahr zu sein, sich nicht sicher zu sein – diese Reihe ließe sich endlos fortsetzen.

Es gibt verschiedene Ausprägungen der Selbstsabotage; häufig handelt es sich jedoch um grundlegende Themen, die mit Selbstwertgefühl, Angst, dem Gefühl der Unfähigkeit oder mit Selbstverwirklichung zu tun haben. Sie zeigen sich oft in den kleinen Ärgernissen und Hindernissen im Alltag, in den vielen negativen Gedanken und Urteilen, die diese Ereignisse begleiten und die uns vollkommen „normal“ erscheinen: „Immer findet jeder außer mir einen Parkplatz“, „Immer stehe ich an der Kasse in der falschen Schlange“, „Das ist wieder typisch für mich, dass ich zu spät komme, wenn es etwas umsonst gibt“. Sabotierende Überzeugungen sind nach meiner Beobachtung oft mit bestimmten Kernthemen verbunden:

Kernüberzeugung	**Kernthema**
Ich bin nicht gut genug. (nicht kompetent)	Erfolg
Ich bin nicht gut genug. (nicht liebenswert)	Liebe/Beziehung
Ich bin nicht gewollt; … nicht willkommen.	Zugehörigkeit
Ich bin „nicht richtig“; … gestört; … schlecht.	Selbstwert
Ich bin machtlos.	Kontrolle
Ich muss mich schützen/mich wehren.	Sicherheit

Sabotierende Überzeugungen sind so individuell wie die Menschen selbst – Ihre Themen werden ganz andere sein als die Ihrer Mitmenschen. Und wenn das Kernthema übereinstimmen sollte: Jeder Mensch spielt doch seine ganz eigene Variation zu diesem einen Thema. So kann man durchaus bei zwei Personen, die mit ähnlichen Problemstellungen in ihrem Arbeitsalltag zu kämpfen haben, dieselbe Kernüberzeugung identifizieren – was nicht sonderlich überrascht. Interessant ist allerdings zu sehen, dass sowohl die Auslöser, die die verborgene Kernüberzeugung jeweils aktivierten, als auch die Auswirkungen dieser Kernüberzeugung auf das Verhalten in der gegebenen Situation jeweils sehr unterschiedlich sind.

Karin war Mitarbeiterin in einem kleinen Team in einem Unternehmen der Software-Industrie. Sie glaubte, sie sei immer schuld dran, wenn irgendetwas schieflief oder wenn sie oder das Team nicht so erfolgreich waren, wie die Teamleiterin es erwartete. „Immer bin ich schuld, immer bin ich diejenige, die Fehler macht", sagte sie. Sie war zutiefst davon überzeugt, dass sie für die gestellten Aufgaben nicht gut genug sei, dass sie in irgendeiner Weise inkompetent war. Als „Ausgleich" für ihre „Fehler" – sozusagen, um ihre vermeintliche Inkompetenz wiedergutzumachen – übernahm sie die Arbeit von ihren Teamkollegen und machte viele Überstunden.

Bernhard war Bankangestellter und wiederholte in den ersten beiden Sitzungen mehrmals den Satz: „Ich mache es nicht richtig, ich kriege es einfach nicht hin." Er zweifelte zutiefst an seinen Fähigkeiten, was zur Folge hatte, dass er Entscheidungen möglichst aus dem Wege ging oder sie endlos aufschob. In der Angst, es könnte die falsche sein, traf er nach Möglichkeit gar keine Entscheidung. Er hatte massive Angst vor den Folgen einer Fehlentscheidung: Angst, es könnte etwas „schiefgehen".

Bei beiden lässt sich eine Kernüberzeugung identifizieren, die mit der tiefen Überzeugung zu tun hat, „nicht gut genug" oder „nicht fähig genug", also inkompetent zu sein.

Welche sabotierenden Kernüberzeugungen auch immer wir in uns tragen – sobald wir sie aufspüren und untersuchen, machen sie uns unsere einzigartigen und sehr individuellen Kernthemen wie Liebe, Zugehörigkeit, Erfolg deutlich. Wir erkennen mit ihrer Hilfe unsere unbewussten Reaktionsmuster, wenn diese Kernthemen angestoßen werden.

Dabei müssen die Auslöser in keiner Weise „dramatisch“ sein, vielmehr kann es sich um ganz alltägliche Begebenheiten handeln.

Anna – eine selbständige Unternehmerin – kam (wegen eines ganz anderen Themas) zu einem Termin am frühen Vormittag zu mir. Sie hatte sich – was sonst für sie nicht typisch war – leicht verspätet und war recht aufgebracht, als sie ankam. Relativ zusammenhangslos berichtete sie von einem Kunden, der sie auf dem Weg zu mir im Auto angerufen hatte. Dieser Kunde hatte sie mit den Worten „Na, um diese Zeit noch nicht im Büro?“ ziemlich aus der Fassung gebracht. Anna war zum einen erbost über eine solche „Frechheit“ („Was denkt der sich eigentlich?“), zum anderen war sie verärgert über ihre eigene Überreaktion gegenüber dem Kunden.

Für mich war insbesondere die Tatsache, dass sie ein eigentlich „banales“ Ereignis derartig aus der Fassung bringen konnte, ein interessanter Hinweis. Auch dass sie mir überhaupt von dem Ereignis erzählte, zeigte, wie sehr sie betroffen war. Wir beschlossen, der Sache gleich auf den Grund zu gehen.

Es stellte sich heraus, dass sie tatsächlich ein schlechtes Gewissen hatte, bei mir und nicht im Büro zu sein, und dass sie große Angst hatte, diesen (und andere) Kunden zu verlieren. Durch die flapsige Bemerkung des Kunden (die sicherlich viel weniger dramatisch, sondern vielleicht einfach scherzhaft gemeint war) hatte sich Anna „ertappt“ gefühlt, was in ihr ein tief sitzendes Reaktionsmuster auslöste: nämlich, sich sofort zu rechtfertigen. Bemerkenswert ist hierbei, dass Anna von ihrem bewussten Wollen her gerne ganz anders reagiert hätte (etwa durch ein Lachen oder einen Scherz ihrerseits). Aber in der Situation war sie ihren Gefühlen und ihrem eigenen Reaktionsmuster der Rechtfertigung völlig ausgeliefert. Was ihr blieb, war, sich im Nachhinein darüber zu ärgern.

Dies alles zu analysieren war eine Herausforderung für Anna, ermöglichte es ihr aber, an tief sitzende Verletzungen und damit verbundene Kernüberzeugungen heranzukommen.

Nicht nur bestimmte Äußerungen oder Handlungen unserer Mitmenschen können eine sabotierende Überzeugung in uns wecken – auch ein Bild, ein Geräusch, ein Geruch oder eine bruchstückhafte Erinnerung kann ein solcher Auslöser sein. Manchmal genügt es, wie ein Mensch uns anspricht, oder ein Gespräch über vergangene Ereignisse lässt uns den Schmerz von damals wieder spüren. Auslöser haben unendlich viele Formen. Eine Klientin erzählte mir beispielsweise, dass schon ein bestimmter Blick Ihres Chefs ausreichte, um ihre sabotierende Überzeugung von „Ich bin unzulänglich, ich werde es nicht packen" wachzurufen.

Da viele unserer Kernüberzeugungen sich in bestimmten (wiederkehrenden) Situationen in unserer Kindheit gebildet haben, reagieren wir auch auf ähnliche Weise wie in der Kindheit, wenn der „passende" Auslöser aktiviert wird. Deshalb lösen sie eine sofortige, automatische und sehr starke Reaktion aus, die wir nicht willentlich steuern oder bremsen können, selbst wenn wir ihre „Unangemessenheit" spüren. Nicht immer drücken sich diese Reaktionen in Worten oder Handlungen aus. Oft sind es bestimmte Gefühle wie Angst, Scham, Enttäuschung, die wir urplötzlich in uns spüren.

Die Wirkung von sabotierenden Kernüberzeugungen ist meiner Meinung nach vor allem aus energetischer Sicht sehr interessant.

Jeder Gedanke löst eine biochemische Reaktion in unserem Körper aus. Die chemische Entsprechung von Gedanken sind Neuropeptide (Eiweißverbindungen, die als Botenstoffe von Nervenzellen wirken). Solche Neuropeptide gibt es nicht nur im Gehirn, sondern im ganzen Körper – so auch im Magen, den Nieren und der Leber. Ein Gedanke hat somit eine reale, in den Körper integrierte, physische Präsenz. Gleichzeitig kann eine Art elektromagnetisches Feld gemessen werden – was die energetische Präsenz oder Manifestation des Gedankens im Gehirn zeigt. Roger Callahan bezeichnete diese energetische Präsenz als „Gedankenfeld".[2]

Wenn in einem Gedankenfeld eine Störung auftritt, besteht immer auch eine Verbindung zu einem bestimmten Energiepunkt im Körper. In der Energetischen Psychologie nutzt man die Erkenntnis, dass bestimmte Meridianpunkte mit bestimmten emotionalen Problemen in

Verbindung stehen, und hat aus diesem Wissen heraus Methoden zur Lösung solcher Probleme entwickelt.

Aus den gesammelten Erkenntnissen der Psychologie, Neurologie und der Energetischen Psychologie sowie anderen Wissenschaften, die sich mit dem Denken, Fühlen und Verhalten des Menschen und mit der Neuroplastizität (Veränderungsfähigkeit des Gehirns) auseinandersetzen, lässt sich schließen, dass ein Mensch für die Qualität seiner Gedanken selbst verantwortlich ist. Die energetische Qualität, die diese Gedanken produzieren, drückt sich in seiner Selbstwahrnehmung und seinen Stimmungen – und auch in seiner Kommunikation und Interaktion mit anderen aus.

> Eine sabotierende Überzeugung wird durch einen Auslöser aktiviert, der uns genauso wenig bewusst ist wie die zugrunde liegende Kernüberzeugung selbst, der aber direkt mit ihr verknüpft ist. Wann immer eine jetzige Lebenssituation der Situation ähnelt, die zu einem früheren Zeitpunkt die Kernüberzeugung entstehen ließ, reagieren wir auf den – von außen betrachtet oft banalen – Auslöser mit alten oder „typischen" Reaktionsmustern, die in der jetzigen Situation unangemessen sind und unserer eigentlichen Absicht zuwiderlaufen.

Ich möchte Ihnen helfen, das Glaubenssystem, die Kernüberzeugungen und die Qualität Ihrer Gedanken erkennbar zu machen, damit Sie herausfinden können, wann und wie genau die Sabotage der Selbstakzeptanz und Selbstliebe stattfindet, um diese Sabotage schließlich aufzulösen. In diesem Sinne möchte ich Sie dabei unterstützen, Ihren „inneren Keller" aufzuräumen und sich behutsam und allmählich von dem alten Ballast zu befreien, der Ihnen bei der Verwirklichung von Wünschen und der Erreichung von Zielen bisher im Wege stand.

Woran Sie sabotierende Gedanken erkennen können

Ein Gedanke ist harmlos, solange wir ihn nicht glauben.

(Byron Katie)[3]

Glaubenssätze sind alltägliche Gedanken, die häufig unbemerkt durch unseren Kopf strömen, aber relativ leicht zugänglich sind. Sie sind wie Wellen auf der Oberfläche des Meeres: Wenn wir unseren Gedankengängen Aufmerksamkeit schenken und ihnen bewusst „zuhören", können wir diese Sätze meist leicht entdecken. Es sind Sätze, denen wir – bewusst oder unbewusst – Glauben schenken. Und zwar unabhängig davon, ob sie objektiv tatsächlich wahr sind oder nicht.

Es handelt sich dabei um Sätze wie:

Bestimmt werde ich wieder rot und vermassele den Vortrag.

Alle laden immer ihren Mist bei mir ab.

Meine Kollegen werden befördert – ich nicht. Und das, obwohl ich viel mehr arbeite als die anderen.

Ich bin zu dick.

Andere sind viel attraktiver als ich.

Ich weiß nicht genug und alle merken das.

Ich bin einfach keine gute Köchin.

Ich komme immer zu spät.

Mein Leben ist ein einziges Chaos.

Solche Glaubenssätze können auf Kernüberzeugungen verweisen, die tief in unserem Unterbewusstsein „vergraben" sind.

Kernüberzeugungen sind uns meistens nicht bewusst, steuern und manipulieren uns allerdings von dieser unbewussten Ebene – sozusagen vom „Meeresgrund" aus – auf erhebliche Weise. Diese Ebene steuert die fundamentale Einschätzung und Bewertung von uns selbst, anderer Menschen und der Welt, in der wir leben. Auf dieser Ebene sind unsere tiefsten Überzeugungen darüber verankert, ob wir etwas können oder nicht können, beispielsweise, ob wir liebesfähig sind oder nicht oder ob wir machtvoll oder machtlos sind. Kernüberzeugungen tragen wir tief in uns: in unserem innersten Kern. So könnte ein Gedankenstrom mit Glaubenssätzen ablaufen:

> *„Ob er mich nach unserem letzten Streit wieder anruft? Ich habe ihn diesmal richtig angeschrien. Er wird mit mir Schluss machen, weil ich ihm zu laut und impulsiv bin, er mag sowieso Frauen, die eher still und zurückhaltend sind, ich bin zu spontan und direkt. Er nimmt mich sowieso nicht ernst. Ich kann ihm das Wasser nicht reichen …“*

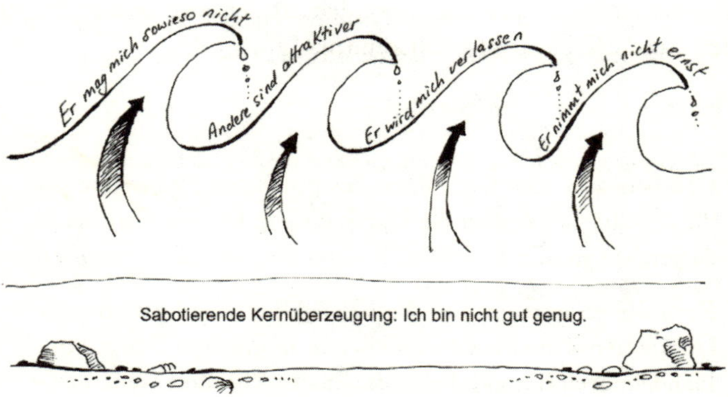

Der Begriff „Sabotage“ beschreibt im herkömmlichen Sinne „die absichtliche Störung eines wirtschaftlichen oder militärischen Ablaufs zur Erreichung eines bestimmten (oft politischen) Zieles.“[4] Im ökonomischen Kontext versteht man unter Sabotage auch, dass z. B. in einem Unternehmen Geräte oder Maschinen – von außen nicht sichtbar – manipuliert und Produktionsabläufe erheblich gestört werden. Der Saboteur verfolgt damit stets „höhere“ Ziele.

Die Frage ist nun, wie es zu mentaler „Selbstsabotage“ kommt. Offenbar ist es so, dass der „innere Saboteur“ ein vermeintlich gutes („höheres“) Ziel für uns verfolgt – und das ziemlich hartnäckig und geschickt, denn er bleibt zumeist ein Leben lang von uns unerkannt. Das Ergebnis der Selbstsabotage ist jedenfalls, dass wir zwar aktiv und bewusst bestimmte

Ziele verfolgen, dass jedoch immer etwas „Undefinierbares" uns daran hindert, wirklich an unserem Ziel anzukommen.

Viele von uns haben mehr als eine sabotierende Überzeugung. Vielleicht sticht eine Überzeugung so deutlich hervor, dass es ganz leicht ist, sie als „Kern-Überzeugung" zu identifizieren. Andere Menschen tragen zwei, drei oder mehrere solcher Überzeugungen mit sich herum, die in ihrer jeweiligen Stärke, Ausprägung und Auswirkung variieren – je nach Situation und Auslöser.

Es gibt nichts, wovon man nicht überzeugt sein kann, und für uns selbst macht es keinen Sinn, sich nicht auch die „wildesten" Phantasien und absurdesten Gedanken einzugestehen. Denken Sie daran: Sich seiner Kernüberzeugungen bewusst zu werden, ist der erste und wichtigste Schritt, um sich davon lösen zu können.

Glaubenssätze sind Gedanken, Aussprüche und Vorstellungen, die wir alltäglich denken und sagen und die für uns relativ leicht zugänglich sind.

Kernüberzeugungen sind die tiefen Überzeugungen, die uns aus unserem Unterbewusstsein heraus in unserem Denken und Handeln beeinflussen, die für uns aber nicht ohne weiteres zugänglich sind.

Sowohl den Glaubenssätzen als auch den Kernüberzeugungen schenken wir *Glauben,* und zwar unabhängig davon, ob sie – objektiv betrachtet – wahr sind oder nicht.

Mentale Selbstsabotage geschieht, wenn Glaubenssätze oder Kernüberzeugungen unbewusst unseren bewussten Zielsetzungen zuwiderlaufen.

Alle unsere Überzeugungen helfen uns, unser Leben und alles, was wir erleben und erfahren, zu verstehen, zu interpretieren und greifbar zu machen.

Glaubenssätze und Kernüberzeugungen können im Alltag äußerst unterstützend und förderlich sein – vorausgesetzt, sie sind positiver Natur.

Zum Beispiel, wenn Sie sich sagen:

Ich schaffe das.

Ich glaube an mich.

Ich habe alle Zeit, die ich brauche.

Ich mag mich so, wie ich bin.

Ich bin mir wichtig.

Einschränkende Glaubenssätze und Kernüberzeugungen jedoch können uns und unser Leben extrem nachteilig beeinflussen, indem sie uns daran hindern, unser Potenzial zu entfalten und unser Glück zu finden. Sie sabotieren uns oder grenzen unseren Handlungsspielraum ein – ganz egal in welchem Lebensbereich.

Sehr oft gehören auch die einschränkenden Glaubenssätze entweder zum gewohnten Sprachgebrauch oder es sind Sätze, die wir für so normal oder gewöhnlich halten, dass wir gar nicht auf die Idee kommen, deren Sinn und Inhalt zu hinterfragen oder sie überhaupt als "Glaubenssätze" zu betrachten.

Beispiele dafür sind Redensarten wie „Das Leben ist schwer", „Von nichts kommt nichts", oder „Müßiggang ist aller Laster Anfang". Wir sagen solche Sätze völlig unreflektiert daher, ohne deren Inhalt jemals genau unter die Lupe genommen zu haben. Zumeist enthalten sie pauschale Urteile oder Wertungen, die man genau betrachtet so gar nicht stehen lassen kann. Das Leben ist nicht immer und in allen Situationen schwer, man bekommt durchaus auch einmal ganz unverhofft und ohne eigenes Zutun etwas geschenkt – und Müßiggang kann die notwendige Voraussetzung für Regeneration und Entspannung sein.

Die Dinge, über die wir hier sprechen, sind natürlich nicht neu. Allerdings begeben sich immer mehr Menschen bewusst auf die Suche nach einem erfüllten Leben und fragen sich, was dafür förderlich und was eher hinderlich ist. Dabei wird die Auseinandersetzung mit den eigenen Glaubenssätzen und Kernüberzeugungen und deren (negativem)

Einfluss zu einem Thema, das immer größere Beachtung findet. Was in spirituellen Kreisen, in der Glücksforschung und in der Philosophie breit diskutiert wird, ist seit jeher auch Gegenstand der Psychologie. Es besteht ein Konsens darüber, dass es neben dem bewussten „Wollen" immer auch eine (z. B. durch Traumata oder negative Realitätsdeutung entstandene) innere, „eigentliche" Motivation für bestimmte Verhaltensweisen gibt. Die Psychologie bezeichnet solche inneren, unbewussten Motivationen meist als „Muster". Von diesen Mustern weiß man, dass sie quasi ein Eigenleben führen, welches das tatsächliche Verhalten wesentlich stärker beeinflusst als alles bewusste Streben. Spirituelle Trends mit Blick auf Realitäts- und Lebensgestaltung, neue Entdeckungen in der Hirnforschung, in den Neurowissenschaften und in der Quantenphysik haben das Thema in ein neues Licht gerückt und einem breiten Publikum zugänglich gemacht. Nun geht es nicht mehr darum, aus pathologischen Gründen das Unterbewusstsein tiefenpsychologisch zu erforschen. Vielmehr suchen Menschen, die eine bewusste, eigenverantwortliche und vom Streben nach Glück, Erfolg und Gesundheit motivierte Lebenseinstellung haben, nach den Faktoren, die einem in diesem Sinne erfüllten Leben förderlich sind.

Überzeugungen pauschal als negativ oder positiv zu bewerten, ist nicht angebracht. Eine Überzeugung, die wir heute vielleicht als „negativ" beurteilen, kann zu der Zeit ihrer Entstehung durchaus nützlich gewesen sein. Wenn wir in der Vergangenheit einen Glaubenssatz oder eine Kernüberzeugung verinnerlicht hatten, die für uns heute nicht mehr förderlich oder unterstützend wirkt, befanden wir uns damals vermutlich in einem Zustand der Verzweiflung oder Hilflosigkeit. Als Kinder konnten wir im Zuge der Anpassung an die „Spielregeln" in unserer Familien unter Umständen nicht oder nur teilweise aus unserer Mitte, unserem unverfälschten Kern heraus agieren. Die sabotierende Überzeugung hat sich tief in uns eingegraben. Ich habe beobachtet, dass viele sabotierende Überzeugungen mit einem schwachen Selbstwertgefühl einhergehen.

Wie ein Computer speichert unser Gehirn Erfahrungen, Lernvorgänge und bestimmte Gedanken. Durch Reflexion und Interaktion mit der Umwelt entstehen eigene Deutungen, die sich als Resultat dieser Prozesse schließlich verselbständigen und fortan ein Eigenleben in uns führen. Aus manchen Erfahrungen leiten wir nachhaltig Positives für unser Leben ab. Andere Erfahrungen können eine traumatische Wirkung haben. Unser Gehirn „vergräbt" diese als Kernüberzeugung im Unterbewusstsein, wo sie wie ein Virus wirkt. Ein solches „Virus" kann ein Leben lang aktiv bleiben. Es „schlummert" eine Weile, bis es durch einen bestimmten Auslöser „aufgeweckt" wird und uns in den verschiedensten Bereichen sabotiert. Diese Sabotage richtet oft beträchtlichen Schaden in unserem Bestreben an, uns selbst zu lieben oder zu verwirklichen.

Wenn jemand – sei es nun bewusst oder nicht – innerlich davon überzeugt ist, ein „Versager" zu sein, wird es ihm trotz aller Anstrengungen äußerst schwer fallen, in seinem Beruf erfolgreich zu sein. Er wird entweder einen sehr hohen Preis für seine Erfolge zahlen müssen oder er wird niemals wirklich erfolgreich sein. Seine eigene Kernüberzeugung wird seine (äußeren bzw. bewussten) Anstrengungen permanent sabotieren.

Stefan kam in meine Praxis, weil ihm zum wiederholten Male eine Kündigung drohte. Er war voller Angst, was seine berufliche Laufbahn und die nächste Bewerbungsphase anging. Ich sprach mit ihm über seinen Lebenslauf und es fiel mir auf, dass er diesen immer wieder kommentierte mit Sätzen wie: „Da hat es wieder nicht gereicht", „Da hat es mich dann wieder erwischt" oder „Es war mir schon klar, dass es mich wieder treffen würde". Bei näherem Hinsehen fiel jedoch auf, dass gar nicht er selbst oder seine Qualifikation zu den Kündigungen geführt hatten, sondern dass es äußere Umstände gewesen waren. Die Situation stellte sich also objektiv jeweils ganz anders dar, als Stefan sie interpretiert hatte. Im ersten Fall hatte eine Insolvenz des Unternehmens zur Kündigung geführt, im zweiten Fall war die Firma seines Arbeitgebers von einer anderen übernommen und im Zuge dessen mehr als die Hälfte aller Mitarbeiter entlassen worden. In beiden Fällen hatten die Kündigungen übrigens zur Folge gehabt, dass er sich nicht nur finanziell im jeweils nächsten Job deutlich verbessern konnte. Er kletterte beide Male die Karriereleiter eine Sprosse weiter nach oben und bekleidete mit jedem Wechsel eine Position mit höherer Verantwortung – eine Tatsache, die ihm bisher kaum bewusst gewesen war. Nun ging es darum, den Ursprung für seine pessimistische Sichtweise aufzudecken.

In den folgenden Sitzungen kristallisierte sich heraus, dass Stefan in seinem tiefsten Innern davon überzeugt war, beruflich versagt zu haben. Gemeinsam forschten wir nach den Ursachen für diese Kernüberzeugung und fanden heraus, dass er bereits zur Schulzeit das Gefühl hatte, im Vergleich zu seinen älteren Geschwistern stets zu versagen. Nach einer Entspannungsübung erinnerte er sich, wie seine Mutter früher mit ihm „stundenlang" lernte und immer wieder sagte: „Du solltest dir mal ein Beispiel an deinem Bruder nehmen!" oder „Wenn deine Schwester so faul wäre wie du, hätte sie es auch nicht so weit gebracht!" Stefan erinnerte sich deutlich daran, wie minderwertig er sich damals gegenüber seinen Geschwistern fühlte: „Verglichen mit ihnen war ich immer ein richtiger Versager."

Was unbewusst noch heute in ihm wirkte, war also eine tiefe Überzeugung der Inkompetenz und das Gefühl „nicht gut genug zu sein". Dies machte es ihm unmöglich, sowohl seine Qualifikation als auch seine Karriere zustimmend zu betrachten, seine Leistungen objektiv einzuschätzen und seine Erfolge angemessen zu honorieren.

Die Arbeit mit den Selbsthilfetechniken in diesem Buch kann Ihnen dabei helfen, sich Ihre Glaubenssätze und Kernüberzeugungen bewusst zu machen, sie zu reflektieren und bisher Unbewusstes an die Oberfläche zu bringen, damit Sie es hier und jetzt betrachten, überprüfen und verändern können.

Wie uns ganz „harmlose“ Gedanken das Leben schwer machen

Eine Überzeugung ist nicht nur eine Idee, die der Geist besitzt; es ist eine Idee, die vom Geist Besitz nimmt.

(Robert Oxton Bolt)[5]

„Ich weiß nicht, warum mir das immer passiert!“ Diese oder eine ähnliche Aussage ist ein Hinweis darauf, dass etwas Unbewusstes und Sabotierendes am Werk ist. Das Gleiche gilt für den dringenden Wunsch, in einer bestimmten Sache unbedingt Recht zu haben. Ereignisse, die sich in unserem Leben immer aufs Neue wiederholen, ohne dass wir wissen weshalb, weisen auf das Wirken unbewusster Kernüberzeugungen hin.

Glaubenssätze tangieren ohne Ausnahme jeden Bereich unseres Lebens. Sie entspringen unserer alltäglichen Kommunikation und werden innerhalb einer Familie oft über Generationen hinweg weitergegeben. Viele Menschen erinnern sich daran, bestimmte Glaubenssätze schon als Kind bei ihren Großeltern gehört zu haben. Meines Erachtens stammen manche Glaubenssätze sogar aus noch viel früheren Generationen.

Ich möchte Ihnen dies am Beispiel von Heidi illustrieren, die zu mir gekommen war, weil sie sich bei Bewerbungsgesprächen häufig selbst sabotierte.

In einem Nebensatz sagte Heidi leise – wie zu sich selbst: „Ja, ja, das Leben ist schwer, einen idealen Job gibt es für mich nicht.“ Ich bat sie, den Satz laut zu wiederholen und dann innezuhalten, um eine Atem- und Herzmeditation zu machen.

Ich fragte Heidi, wann sie diesen Satz zum ersten Mal gehört habe, und bat sie, mir das Alter zu nennen, welches ihr rein intuitiv in den Sinn komme.

„Ich war neun“, sagte sie direkt. Ich bat sie, weiterzuatmen und in ihr Herz hineinzuhören. Plötzlich sah sie ihren Vater vor ihrem geistigen Auge: „Er blättert Zeitungsannoncen durch. Dabei ist er ganz niedergeschlagen und deprimiert, seufzt oft und sagt immer wieder: ‚Für

mich gibt es einfach keine passende Arbeit'." Anschließend berichtete sie, dass nicht nur ihr Vater diesen Satz gesagt hatte. Aus Erzählungen wusste sie, dass sich ihr Vater mit seinem Vater (also ihrem Großvater) oft über den Arbeitsmarkt unterhalten hatte und dass ihr Großvater die Arbeitssuche seines Sohnes mit den Worten kommentiert hatte: ‚Wieso sollte es für dich eine passende Arbeit geben – für mich gab es schließlich auch nie eine'."

Wir gehen immer davon aus, dass unsere Glaubenssätze und Kernüberzeugungen die Wahrheit repräsentieren. Kernüberzeugungen, die in der Kindheit entstanden sind, sind häufig auch eine erstarrte, konservierte Form dessen, was wir damals für wahr gehalten haben. Wir haben sie sozusagen „eingefroren".

Leider haben solche eingefrorenen Wahrheiten kein „Verfallsdatum", an dem sie von unserem Bewusstsein oder irgendeiner anderen Instanz in uns automatisch auf ihre Gültigkeit und Tauglichkeit hin überprüft werden. Vielmehr lagern sie ungeprüft und unreflektiert in unserem Unterbewusstsein, von wo aus sie unser Denken und Fühlen (vollkommen unbemerkt) beeinflussen. Mögen sie bei genauerer Betrachtung auch noch so absurd sein: Sie behalten ihre Gültigkeit für uns, bis wir die Entscheidung treffen, an ihnen zu arbeiten und etwas zu ändern.

Oft leidet darunter nicht nur unser Selbstwertgefühl. Solche Kernüberzeugungen trennen uns auch von unserer Selbstliebe, weil sie Urteile über uns selbst oder über die Welt beinhalten, die dieser Liebe zu uns selbst im Wege stehen. Solange wir solche tief liegenden Überzeugungen nicht wahrnehmen und uns nicht wohlwollend von ihnen lösen, solange bleiben wir auch von unserer Selbstliebe und unserem wahren Selbst getrennt.

Viele Menschen würden in bestimmten Lebenssituationen ganz anders handeln, wenn sie tatsächlich wählen könnten. Sie sagen dann: „Ich kann eben nicht anders" oder „Ich hatte keine andere Wahl".

Manche Kernüberzeugungen, die wir in unserer Kindheit etabliert haben, trüben heute unseren Blick und verhindern, dass wir die Welt außerhalb von uns klar sehen können. Sie färben stattdessen alles ein, was wir wahrnehmen, und sorgen dafür, dass wir unsere Erfahrungen auf eine ganz bestimmte Weise deuten.

Ein Mensch, der seine Welt durch den „Ich-bin-wertlos"-Filter betrachtet, wird sein Hauptaugenmerk auf Situationen richten, die ihm diesen Eindruck bestätigen.

Wer eine bestimmte Überzeugung von sich selbst und der Welt hat, wird sich stets dementsprechend verhalten. Da er sich seiner Kernüberzeugung nicht bewusst ist, wird er „blind" von ihr gesteuert. Dabei geschieht auch das, was Psychologen „Projektion" nennen. „Projektion" bedeutet, dass der Betroffene ein bestimmtes inneres Bild (sein „Problem") auf eine äußere Leinwand „projiziert". Er „inszeniert" sein inneres Thema in seinem Alltag immer wieder neu – als würde er mit wechselnden Schauspielern ein und dasselbe Stück immer wieder neu auf die Bühne bringen.

Hat ein Mensch in seinen frühen Lebensjahren zum Beispiel nie wirkliche Geborgenheit erfahren – weil seine wichtigsten Bezugspersonen ihm zu wenig oder nur unter bestimmten Bedingungen Zuwendung gaben, und fehlten ihm daher die Rahmenbedingungen, tiefes Vertrauen in andere Menschen zu entwickeln –, dann könnte dieser Mensch in seinem Erwachsenenleben immer wieder versuchen, eine Art Symbiose (krankhafte Abhängigkeit in Paarbeziehungen) herzustellen mit den Menschen, mit denen er eine Liebesbeziehung eingeht, in der unbewussten Hoffnung, diese noch fehlende Erfahrung des Urvertrauens und des „Einsseins" mit einer anderen Person nachholen zu können.

Der Betroffene sucht also Erlösung, indem er den grundlegenden Konflikt permanent neu inszeniert – mit dem Ziel, irgendwann ein „Happy End" zu erleben. Höchstwahrscheinlich wird er dabei scheitern – denn bei anderen Bezugspersonen als den Eltern ist es noch sehr viel weniger garantiert, dass solche frühkindlichen (nicht oder nicht ausreichend erfüllten) Bedürfnisse jemals kompensiert oder befriedigt werden. Sich wiederholende negative Erfahrungen jedoch vertiefen den ursprünglichen Konflikt immer mehr und verstärken entsprechende Traumata. Der Mensch sucht Erfüllung – doch unbewusste Kernüberzeugungen sabotieren seine Suche.

Denn um wirklich wählen und ein selbstbestimmtes Leben führen zu können, müssen wir die innere Fremdsteuerung erst erkennen und auflösen. Das gelingt nur, wenn wir die Glaubenssätze und Kernüberzeugungen aus unserem Unterbewussten befreien und sie bewusst reflektieren.

> In vielen Lebenssituationen werden wir von unseren Glaubenssätzen und Kernüberzeugungen „fremdgesteuert“. Wenn wir diese Fremdsteuerung auflösen möchten, müssen wir unsere Glaubenssätze und Kernüberzeugungen behutsam aus dem Verborgenen befreien und sie bewusst reflektieren.

Jeder Mensch verhält sich für sich allein und im Kontakt mit seiner Umwelt nach bestimmten Überzeugungen und „Mottos“. Diese ungeschriebenen Gesetze müssen dabei weder wahr noch nachvollziehbar noch sinnvoll sein. Sie wirken völlig unreflektiert im Verborgenen: Wir merken gar nicht, bis zu welchem Grad wir unser Leben nach diesen „Gesetzen“ einrichten.

Peter kam zu mir, weil er sich dauernd erschöpft fühlte und ihm seine Arbeit als Abteilungsleiter immer sinnloser vorkam. Allmählich kristallisierte es sich heraus, dass er einen äußerst hinderlichen Glaubenssatz in sich trug: „Ich muss für alles kämpfen.“ Interessant war in diesem Zusammenhang seine gesamte Körperhaltung: Er saß ausgesprochen angespannt auf dem Stuhl und schaute ziemlich finster drein, wie wenn ich sein Gegner wäre – auf jeden Fall jemand, gegen den er kämpfen sollte oder musste. Schon seine Wortwahl ließ mich aufhorchen: Er verwendete häufig militärische Begriffe wie „Grabenkämpfe“, „bis aufs Messer bekämpfen“, „Krieg führen“.

Gemeinsam fanden wir heraus, dass nicht nur er nach diesem Glaubenssatz („Ich muss für alles kämpfen“) lebte und arbeitete. Auch seine Brüder nahmen bei ganz alltäglichen Dingen eine Art Kampfhaltung ein. Es lag also nahe zu vermuten, dass die Überzeugung, kämpfen zu müssen, aus der Familie stammte, in der Peter und seine Brüder aufgewachsen waren.

Gepaart mit dem Glaubenssatz „Ich muss für alles kämpfen“ war seine Wertvorstellung: Alles, was mit Leichtigkeit erreicht werden konnte, war in seinen Augen nichts wert. Erst wenn er sich etwas „erkämpft“ hatte, fühlte er sich stark und als Sieger. Kurz darauf stellte sich jedoch stets ein Gefühl der Leere, Erschöpfung und Sinnlosigkeit ein. Ganz zu schweigen von der Ausgrenzung, die er im Kreise seiner Kolleginnen und Kollegen erfuhr, die seine regelrecht kriegerische Art zunehmend unerträglich fanden.

In einer Atem- und Herzmeditation erkannte er, dass die „Grabenkämpfe“, die er selber inszenierte, ihm selbst sehr viel Kraft und Energie raubten. Wir konnten seine Kernüberzeugung: „Wenn ich nicht kämpfe, bin ich nichts wert“ mit Hilfe der NAEM-Methode (siehe Toolbox Nr. 6 Seite 157) und ausgewählter Affirmationen transformieren. Am Ende dieses Prozesses lautete sein neues Motto: „Ich erreiche entspannt und erfolgreich meine Ziele und würdige meine Leistungen.“ Sich selbst zu würdigen und entspannt handeln zu können, hatte er im Laufe unserer gemeinsamen Arbeit für sich als wichtige neue und lebensbejahende Werte akzeptiert.

Die Transformation der alten Überzeugung, die in seine neue innere Haltung mündete, half ihm, anerkennender mit sich selbst und wertschätzender mit seiner Umwelt umzugehen. Die gesamte Situation im Beruf entspannte sich – auch sein Verhältnis zu seinem Vorgesetzten und die Zusammenarbeit mit den Kolleginnen und Kollegen. Nach zwei Monaten berichtete er, wie erleichtert auch seine Frau über die Entwicklung sei; sie fühle sich zunehmend glücklicher mit ihm. Vor unserer Transformationsarbeit hatte sie oft in einer Habachtstellung oder – wie sie selber sehr treffend ausdrückte – „wie auf einem Wachtposten“ ausgeharrt.

Was mir der Transformationsprozess bei Peter gezeigt hat, ist: Wenn Sie uneingeschränkt „Ja“ zu Ihrem Leben und zu sich selbst sagen können, lernen Sie sich selbst wieder anzunehmen und zu lieben. Und zwar genau so, wie Sie sind. In dem Maße, wie Sie sich selbst lieben, sind Sie auch für andere liebenswert und fähig, andere zu lieben.

Es lohnt sich also, sabotierende Glaubenssätze und Kernüberzeugungen aufzuspüren und durch eine bessere, lebensbejahende innere Einstellung zu ersetzen.

Auch mentale Fesseln lassen sich abstreifen

In der folgenden Geschichte von Michael Fromm wird sehr anschaulich, was geschieht, wenn wir aufhören, einmal Gelerntes zu überprüfen: ob es noch passt.

Der kleine Zirkus-Elefant[6]

In einem Wanderzirkus kommt ein Elefantenbaby zur Welt. Niemand im Zirkus hat Zeit, sich ständig um das junge Tier zu kümmern und aufzupassen, dass es nicht davonläuft. Deshalb rammt der Wärter einen Pflock in die Erde, bindet ein Seil daran fest und befestigt das andere Ende des Seiles am Hinterbein des Elefanten. Auf diese Weise gibt er dem kleinen Elefanten einen gewissen Bewegungsfreiraum und verhindert gleichzeitig, dass er wegläuft.

Der kleine Elefant beginnt nun, sein Terrain zu sondieren und erobert die Welt, indem er so weit in alle Himmelsrichtungen läuft, wie es das Seil an seinem Hinterbein zulässt. Auf diese Art und Weise entsteht mit der Zeit ein durch die Länge des Seils vorgegebener Kreis, der die Lebens- und Erfahrungswelt des Elefantenkindes darstellt.

Nach einer Weile hat der kleine Elefant alles entdeckt, was es innerhalb dieses Kreises zu entdecken gibt. Er hat außerdem die Erfahrung gemacht, dass es ihm in seinem Kreis gut geht und dass jeder Versuch, den Kreis zu

verlassen, schmerzhaft ist, denn dann zerrt das Seil an seinem Hinterbein. Der kleine Elefant beschränkt sich also auf „sein Reich", in dem er sich gut auskennt, in dem es ihm an nichts zu fehlen scheint und dessen Grenze durch die festgetretene Kreislinie gut gekennzeichnet ist.

Nun geht die Zeit ins Land und der kleine Elefant wird groß und kräftig. Er könnte nun den Pflock mühelos aus der Erde reißen, doch in der Zwischenzeit ist etwas geschehen, das verhindert, dass er es überhaupt versucht: Als Elefantenkind hat er „gelernt". Er hat gelernt, dass es sinnlos ist, an seinem Seil zu ziehen, weil er sowieso nicht weiter wegkommt. Und er hat außerdem gelernt, dass es wehtut, wenn er versucht, „seinen" Kreis zu verlassen. Er hat kein Interesse mehr, das zu überprüfen, denn das hat er schon oft genug getan und meint nun, die Folgen zu kennen. Diese Überzeugung scheint ihm wie ein Naturgesetz. Er richtet sich in seiner gewohnten „Komfortzone" behaglich ein, und die Welt „da draußen" scheint für ihn nicht erreichbar zu sein – ja, sie scheint nicht einmal mehr zu existieren.

Wenn Sie mögen, können Sie diese Geschichte nutzen, um ein wenig mehr Klarheit für sich zu gewinnen.

Wie oft verhalten Sie sich wie der kleine Elefant?

....

....

Was tun Sie, wenn man von Ihnen verlangt, einen Bereich außerhalb Ihrer „Komfortzone" zu betreten, den Sie aber aus einer unbewussten Steuerung heraus nicht betreten wollen?

....

....

Was tun Sie, damit Sie Ihre Komfortzone nicht verlassen müssen?

....

....

Als Nächstes können Sie oben in der Skizze mit dem Elefanten einen imaginären neuen Bereich durch ein Kreuzchen außerhalb des eingetretenen Kreises markieren.

Was geht Ihnen dabei durch den Kopf? Fällt es schwer, aus dem Kreis herauszutreten? Notieren Sie sich hier gleich die Strategien, mit denen Sie einen Schritt „nach draußen" verhindern. (Wenn Sie diese Übung gleich effektiv nutzen möchten, lesen Sie bitte erst weiter, nachdem Sie sich Ihre Notizen gemacht haben.)

....

....

Wollen Sie Ihre Notizen mit Aussagen vergleichen, die viele Menschen nennen? Hier einige gängige Antworten:

Das geht nicht.

Das habe ich oft genug vergeblich versucht.

Das habe ich noch nie gemacht.

Dafür haben wir kein Geld.

Mit meiner Frau/diesem Typ/meinem Chef/Kollegen geht das nicht.

Während in den obigen Aussagen der Hinderungsgrund für eine Veränderung als von „außen", also von den Mitmenschen oder den so genannten Rahmenbedingungen kommend gesehen wird, gibt es auch Menschen, die die Begrenzung „innen", d. h. als in ihnen selbst liegend empfinden. Dann lauten die Aussagen zum Beispiel so:

Das kann ich nicht.

Das ist nicht meine Aufgabe.

Das ist nicht mein Stil.

Das ist unzumutbar.

Das widerstrebt mir.

Das macht mir Angst.

Ich möchte Sie ermutigen, alle Ihre eigenen Ausreden, Abwehrstrategien und „Überzeugungen" ans Licht zu bringen, die bisher verhinderten, dass Sie Ihr bisheriges Terrain verlassen und neue Herausforderungen annehmen konnten. In diesem Prozess werden allerdings auch die Gefühle von Angst und Unsicherheit, die an solche Herausforderungen geknüpft sind, in ihrer Dynamik für Sie deutlich spürbar werden.

Mit anderen Worten:

> Jeder von uns hat seine eigene „Komfortzone“, die zu verlassen eine enorme Herausforderung darstellt. Die damit verknüpften Gefühle können äußerst bedrohlich sein. Daher entwickeln wir (unbewusst) entsprechend funktionale Abwehrstrategien, die uns „beruhigen“ und dafür sorgen, dass wir die Grenze unserer Komfortzone nicht überschreiten müssen. Leider verhindern diese Abwehrstrategien auch, dass wir neue und gewinnbringende Erfahrungen machen.

Wenn Sie mit Ihrer Übung hier weitermachen wollen, können Sie als Symbol für Ihre gerade herausgefundenen „Ausreden“ und Glaubenssätze kleine Ziegelsteine entlang des „Elefantenkreises“ einzeichnen. Auf diese Weise entsteht mit der Zeit ein regelrechtes Mäuerchen.

Lassen Sie ruhig dieses Buch und diese Übung ein wenig liegen, und machen Sie sich in Ihrem Alltag auf die Suche nach weiteren „Steinchen“. Halten Sie Ausschau nach den Glaubenssätzen, die Sie „weiter in Ihrem Kreis herumlaufen lassen“. Ein hilfreicher Indikator für die Existenz solcher Glaubenssätze sind die Wörter und Ausdrücke, die wir häufig verwenden. Alle Aussagen, die solche Begriffe wie „geht nicht“, „man müsste“ „kann nicht, weil ...“ usw. enthalten, weisen auf sabotierende Kernüberzeugungen hin.

Die Geschichte vom kleinen Zirkus-Elefanten macht deutlich, dass das Erkennen von Überzeugungen eine Möglichkeit ist, sich weiterzuentwickeln. Es geht nicht darum, uns selbst oder unsere Beschränkungen zu verurteilen, uns gar für „dumm“ oder „unfähig“ zu halten. Vielmehr geht es darum, die bisherigen eigenen Grenzen und Be-Grenzungen liebevoll anzuerkennen. Dieser sensible Umgang mit uns selbst – und mit dem Mäuerchen um unseren ganz eigenen, selbst eingetretenen Kreis – ist die wichtigste Voraussetzung für den nächsten Schritt: den Mut aufzubringen, sich an ein Leben außerhalb dieses „sicheren“ Kreises heranzuwagen.

Manchmal hilft es, während dieses Prozesses und für die Zeit danach ein Stück Seil bei sich zu tragen oder sich auf den Schreibtisch zu legen: Es soll zum einen an die Geschichte des kleinen Elefanten und an die vermeintlichen Grenzen des persönlichen Handlungsspielraums erinnern. Zum anderen ist es ein Symbol dafür, dass mit der Aufdeckung und dem Bewusstmachen von Kernüberzeugungen das Seil immer länger und die Fessel immer lockerer wird und sich nach einer gewissen Zeit vollkommen abstreifen lässt.

Was halten Sie davon: Wollen Sie sich selbst ein Stück Seil geben?

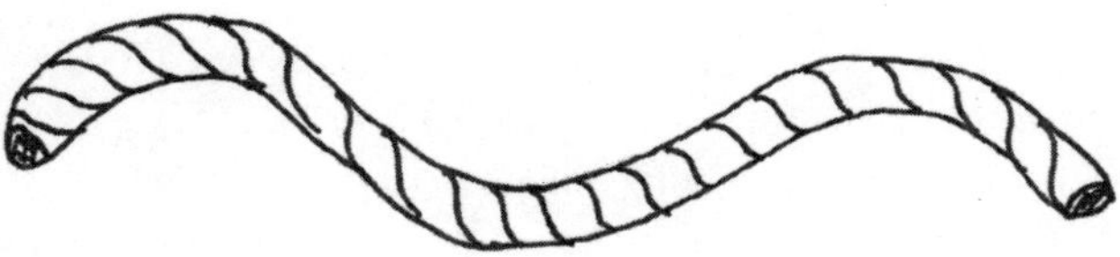

Es gibt auch für Sie einen Weg, auf dem Sie Ihren alten Wirkungskreis, der von überholten Gedanken und Überzeugungen umgrenzt ist, sicher verlassen können! Entlarven Sie Ihre mentale Selbstsabotage, streifen Sie Ihre mentalen Fesseln ab und gehen Sie behutsam Schritt für Schritt Ihren Weg in Ihre neue persönliche Freiheit.

Mentale Selbstsabotage entsteht, ohne dass wir es wissen

Kernüberzeugungen helfen uns zu überleben

> *Aufgrund bestimmter Ereignisse in unserem Leben kommen wir zu verallgemeinernden Überzeugungen, und diese Glaubenssätze verstärken sich zum gegebenen Zeitpunkt ganz von selbst.*
>
> *(Chuck Spezzano)*[7]

Viele Kernüberzeugungen entstehen in der Kindheit. Aber auch jede andere Interaktion eines Individuums mit seiner Umwelt kann dazu führen, dass sich grundlegende Überzeugungen im Unterbewussten manifestieren. Ein Großteil der Kernüberzeugungen eines Menschen – ob positiv oder negativ – kommt in der Lebensphase zustande, in der sich auch seine Persönlichkeit zu einem wesentlichen Teil entwickelt: in der frühen Kindheit. Solche Kernüberzeugungen können aus eigenen Erfahrungen oder Gedanken entstanden sein. Sie können aber auch Aussagen und Überzeugungen der Umwelt widerspiegeln, die das Kind unreflektiert als „wahr" übernimmt.

Häufig sind es ganz einfache Sätze, die unsere Eltern, Geschwister, Erzieherinnen, Lehrer oder andere für uns wichtige Menschen gesagt haben. Solche Sätze können tatsächlich die Überzeugungen dieser Personen widergespiegelt haben. Sie können aber auch in einem Moment der Nachlässigkeit, Verärgerung oder Frustration gesprochen worden und „gar nicht so gemeint" gewesen sein. Für das Kind, das diese Sätze hört, spielt das keine Rolle. Es „glaubt" die Wörter so, wie sie gesagt werden – es kann weder die Motivation noch den Wahrheitsgehalt von Aussagen durchschauen. Deshalb können unbedacht geäußerte Worte verheerende Folgen haben. Wenn beispielsweise der Vater seinem Kind sagt: „Das kannst du nicht“ oder die Mutter meint: „Das wirst du nie können“, oder der Klassenlehrer sagt: „Für diesen Beruf taugst du nicht“, nimmt das Kind diese Aussage für bare Münze. Für das Kind ist das wahr. Es glaubt, was es hört – besonders, wenn die Situation emotional sehr prägend ist oder wenn ein und dieselbe Aussage häufig wiederholt wird.

Wie und warum genau aber entstehen Kernüberzeugungen in der Kindheit? Die wichtigste Voraussetzung ist das Bedürfnis und das Bestreben des Kindes, sich in die Gemeinschaft seiner Familie einzufügen. Dieses Einfügen (Psychologen sprechen auch von „Anpassung“) ist für das Kind lebensnotwendig. Unsere biologischen und psychischen Strukturen sorgen für diese Anpassung, die ihrerseits das Überleben des Individuums in einer Gruppe sichert, denn nur durch sie erlangen wir die für uns unentbehrliche Zuwendung unserer Mitmenschen. Wir kommen also mit einer angeborenen Tendenz zur Anpassung auf die Welt.

Sehen wir uns diesen Prozess einmal genauer an. Wie kann es zum Beispiel dazu kommen, dass ein Kind die Kernüberzeugung „Ich bin nichts wert“ entwickelt? Ein mögliches Szenario könnte sein, dass die Eltern über lange Zeit überfordert sind, so stark von ihren eigenen Leben in Beschlag genommen sind, dass sie ihrem Kind wenig Aufmerksamkeit schenken. Wie reagiert die kindliche, sich anpassende Psyche? Sie fügt sich ein: Das Kind passt sich an und interpretiert die Situation so, dass es glaubt, es sei es nicht wert, dass man es beachtet. „Es liegt an mir“, denkt das Kind. Ihm ist keine andere Deutung möglich, weil es zum einen nicht in der Lage ist, die Zusammenhänge zu durchschauen, und zum anderen naturgegeben so „funktioniert“, dass es sich selbst – und nicht seine Bezugspersonen – in Frage stellt. Aufgrund seines Entwicklungsstadiums ist das Kind noch nicht fähig, seine eigenen Gefühle und das Verhalten seiner Bezugspersonen zu hinterfragen und kann daher nicht begreifen, warum es sich wertlos fühlt. Es kann nicht erkennen, dass die Aufmerksamkeit, die es bräuchte, um sich selbst als wertvoll zu empfinden, in seiner Familie schlicht und ergreifend nicht vorhanden ist. Und selbst wenn es das erkennen würde, hätte es keine Möglichkeit, sich zu distanzieren oder die Dinge zu verändern. Und getreu dem alten englischen Grundsatz „Love it, change it or leave it“

bleibt dem Kind, das seine Familie weder verändern noch verlassen kann, gar keine andere Möglichkeit als – sie zu lieben.

Indem das Kind die Kernüberzeugung „Ich bin wertlos" entwickelt, arrangiert es sich mit der Familiensituation. Es fügt sich ein. Das Kind fühlt sich zwar wertlos, aber sicher und dazugehörig. Das Fatale ist: Je stärker sich die Kernüberzeugung in ihm verankert, umso mehr nimmt das Gefühl der Zugehörigkeit zu.

> In der Kindheit entstehen Kernüberzeugungen durch das angeborene Bestreben des Menschen nach Anpassung an die Gemeinschaft der Familie.

Die Abhängigkeit von seiner Außenwelt ist für den Säugling existenziell. Erhält er von den Menschen, die ihn umgeben, weder Nahrung noch Kleidung noch Fürsorge noch Zuwendung, geht er zugrunde. Je mehr sich ein Säugling zum Kind und später Jugendlichen entwickelt (je autonomer der Mensch wird), umso mehr verliert er diese Abhängigkeit und damit die Notwendigkeit zur Anpassung an Bedeutung. Sie wird aber niemals komplett irrelevant: Der Mensch ist – jedenfalls im Normalfall – immer in irgendeiner Weise abhängig von anderen. Er ist biologisch auf diese Abhängigkeit vorbereitet und bringt ein entsprechend hohes Bestreben nach Anpassung mit. Für das Gefühl „dazuzugehören" sind wir sogar als „reflektierte" Erwachsene noch willens, sehr viel zu tun. Oft stellen wir uns über jedes vernünftige Maß hinaus auf die Wünsche, Bedürfnisse und Forderungen anderer Menschen ein.

Die von der Natur angelegte Tendenz des Kindes, sich an sein Umfeld anzupassen, hat eine bedingungslose Treue und Liebe zu seiner Familie zur Folge, in die es hineingeboren wurde – und zwar unabhängig davon, wie sich die Familie gegenüber dem Kind verhält. Das Kind hat überhaupt keine Chance, die Spielregeln zu hinterfragen, die dort herrschen. Sein Überleben hängt einzig und allein von seiner Geschicklichkeit ab, sich dem familiären Umfeld anzupassen, egal wie liebevoll oder ablehnend, wie förderlich oder bedrohlich dieses für ihn ist.

Jedes Kind entwickelt Liebe und Treue zu seinem familiären Umfeld. Kinder sind äußerst anpassungsfähig. Sie spiegeln, imitieren und verinnerlichen das Verhalten, das ihre Familien ihnen anbieten.

Manuela Miller hat dies in einem ihrer Vorträge wunderbar formuliert: „Kinder fangen die Erwartungen ihrer Eltern in der Luft auf und sind ständig bemüht, diese Erwartungen zu erfüllen.“ [8] Die Diplom-Psychologin und Psychotherapeutin vertritt die These, dass jedes Kind drei fundamentale Bedürfnisse hat: Liebe und Zuwendung (von den Eltern) zu bekommen, seiner eigenen Liebe (zu den Eltern) Ausdruck zu verleihen und Schmerz zu vermeiden. Das gesamte Handeln des Kindes sei auf diese drei Bedürfnisse ausgerichtet.

Ein Kind könnte zum Beispiel von den Eltern und anderen Bezugspersonen gehört haben: „Sei brav!“ Die vom Kind unbewusst gemutmaßte Bedeutungszuschreibung lautet vielleicht: „Brav sein“ heißt, nie laut oder spontan zu sein (das weiß ich von Mama und Oma) und immer ordentlich und ruhig zu sein (das weiß ich von Papa). Die daraus sich entwickelnde Kernüberzeugung lautet: „Wenn ich anders handle (also nicht ruhig und ordentlich bin), werde ich von Mama, Oma, Papa nicht mehr geliebt. Ich verliere die Zugehörigkeit zur Familie.“

Mit „brav sein“ könnten die Eltern durchaus etwas ganz anderes gemeint haben, das Kind aber deutet die Handlungen und Aussagen seiner Umwelt, kreiert seine eigene Wahrheit und unterdrückt fortan konsequent seine Spontaneität, um weiter geliebt zu werden.

Wie wir gesehen haben, helfen uns Glaubenssätze und Kernüberzeugungen dabei, unser Erleben zu verstehen, zu interpretieren und zu ordnen. Das gilt insbesondere für Kinder, deren Urteilsvermögen sich erst langsam mit dem „Begreifen“ der Welt entwickelt. Leider sind es bei weitem nicht immer schöne und harmonische Begebenheiten, die prägend sind. Vielmehr sind es häufig schwierige oder traumatische Erfahrungen – wie Respektlosigkeit, Vernachlässigung und Gewalt –, die Kinder irgendwie verarbeiten müssen, um zu „überleben“. So erleben

Kinder oft, dass sie zum Sündenbock gemacht werden, dass man sie nicht ernst nimmt, dass sie nicht (ausreichend) gelobt oder ganz einfach übersehen werden. Viele Kinder werden körperlich, psychisch oder emotional vernachlässigt, im schlimmsten Fall sogar misshandelt. Manche Eltern sind überfordert oder haben neben Beruf, gesellschaftlichen Verpflichtungen und Hobbys keine Zeit für ihre Kinder. Die Erfahrungen, die ein Kind mit seiner Umwelt macht, sind deshalb vielschichtig.

Kernüberzeugungen entstehen jedoch nicht nur durch die subjektiven Deutungen des Kindes in Reaktion auf seine Umwelt. Auch die Umwelt des Kindes kann direkten Einfluss auf die Erfahrungen des Kindes nehmen und zur Entstehung von Kernüberzeugungen beitragen – dadurch, wie sie sein Verhalten wertet und beurteilt.

Nehmen wir an, ein sehr extrovertiertes Elternpaar hätte ein sehr stilles, eher ängstliches Kind. Dieses Kind zieht sich vielleicht gerne zurück, verhält sich in Gesellschaft anderer eher zurückhaltend und schüchtern. Vielleicht bekommt es immer mal wieder so etwas zu hören wie: „Unser Kind ist ein bisschen langweilig“ oder die Eltern fragen es direkt: „Kannst du nicht mal so lustig und ausgelassen sein wie andere Kinder?“ Vielleicht muss es noch viel schlimmere Vergleiche und Urteile ertragen: „Der XY, das ist ein „richtiger“ Junge, so einen hätte ich auch gerne gehabt.“ Unser Kind entwickelt daraufhin die Kernüberzeugung „Ich bin sowieso langweilig“ oder „Ich bin ein Außenseiter“, „Ich bin anders als die anderen“ oder vielleicht sogar: „Mit mir stimmt etwas nicht, ich bin nicht normal“.

Als Kinder lernen wir schnell, dass die Vorstellungen unseres Umfelds, zuallererst die unserer Eltern, stärker sind als wir. In Momenten, wo wir in unserem spontanen Sein uns anders zeigen, als die Eltern es sich vorgestellt hatten, und die Eltern reagieren darauf in irgendeiner Weise ablehnend, machen wir die schmerzhafte Erfahrung des Liebesentzugs. Wir sehnen uns jedoch nach Liebe und Anerkennung. Um diese Erfahrung nicht noch einmal machen zu müssen, geben wir nach.

Dies geschieht unbewusst, fast wie ein Reflex. Da das Bedürfnis nach Liebe, Geborgenheit, Zugehörigkeit ein existenzielles Grundbedürfnis des Menschen ist, tun wir – ohne zu denken (ein Kind „kann“ ja noch gar nicht „denken“) – alles, um unsere emotionale Existenz zu sichern:

Wir „entscheiden“ uns unbewusst für die Anpassung anstatt für unsere Authentizität und unseren Mut. Anpassen erleben wir als die erfolgreichere Strategie. Wir tun alles, um dazuzugehören.

So machen wir nach und nach die Bekanntschaft mit dem Gefühl des Getrenntseins – und daraus entsteht Angst. Wir sind nicht mehr eins mit der Welt – wie vor und kurz nach unserer Geburt. So bedingungslos wir im Mutterleib mit allem Lebensnotwendigem versorgt wurden, so bedingungslos „erwarten“ wir es auch als Säugling: Wir schreien unsere Bedürfnisse frei und laut heraus. Werden unsere Bedürfnisse jedoch wiederholt nicht mehr bedingungslos befriedigt, lernen wir zunächst Angst (um unser Überleben) kennen, und entwickeln ein Verhalten, das nicht mehr auf Ur-Vertrauen basiert, sondern auf Feinfühligkeit für das, was von uns „erwartet“ wird.

Kinder reagieren mit einer enormen Feinfühligkeit auf ihre Umwelt – so wie Seismographen vor einem Erdbeben. Es reicht eine hochgezogene Augenbraue des Vaters oder ein Seufzer der Mutter, und schon verändern Kinder ihr Verhalten in der Situation, um es den Eltern (vermeintlich) recht zu machen. So findet Konditionierung (lat. „conditio“ = Bedingung) statt. Wir lernen, Spontaneität und Vertrauen zu unterdrücken und stattdessen kalkulierte Verhaltensweisen einzusetzen. Je häufiger wir dies tun, und je häufiger wir damit „Erfolg“ erleben, umso schwieriger wird es für uns im späteren Verlauf unseres Lebens, ob in der Schule, im Beruf oder in unseren Beziehungen, spontan und vertrauensvoll zu handeln. Der „Zugriff“ auf solche Ressourcen muss neu erlernt werden.

Der bis hierher beschriebene Anpassungsmechanismus, der wesentlich zur Entstehung von Kernüberzeugungen beiträgt, ist keineswegs nur negativ zu sehen. Eine solche Wertung ließe sich niemals aufrechterhalten, denn zur Zeit ihrer Entstehung waren sie schließlich notwendig, um unser Überleben (im engeren und weiteren Sinne) zu sichern. So gesehen haben sie uns einen wertvollen Dienst erwiesen und verdienen entsprechende Würdigung. Im Englischen sprechen wir daher von „imbalanced core beliefs“ – „unausgeglichenen“ Kernüberzeugungen. Etwas, das in unserem Glaubenssystem „aus der Balance“ geraten ist, kann jedoch mit Respekt und Behutsamkeit auch wieder in Balance gebracht werden. Die Selbsthilfe-Techniken in diesem Buch sollen Ihnen helfen, diese innere Balance wiederzugewinnen.

Überzeugungen sind nicht in Stein gemeißelt – sagt die Hirnforschung

Interessant ist in diesem Zusammenhang, dass die Beobachtungen von Psychoanalytikern, Psychotherapeuten und Soziologen inzwischen immer mehr Bestätigung durch die moderne Hirnforschung erfahren.

Neurowissenschaftler sind der Meinung, dass sich Überzeugungen und Erinnerungen sehr ähneln. Wir können uns Erinnerungen wie ein Netzwerk von Neuronen (auf Erregungsleitung spezialisierte Zellen) im Gehirn vorstellen. Neuronen können untereinander elektrische Signale austauschen. Wird ein Neuron durch einen Reiz (ein Ereignis) stimuliert, feuert es elektrische Ladungen ab und kommuniziert auf diese Weise im Gehirn mit anderen Neuronen. Eine Erinnerung (an ein tatsächliches Geschehen in der Vergangenheit) wird genauso wie eine Überzeugung (also ein bloßer Gedanke) als Folge dieses Vorgangs umso stärker, je häufiger die Neuronen an dieser Stelle des Netzwerks miteinander „sprechen".

In der heutigen Informationsgesellschaft erleben wir unsere Welt schon lange nicht mehr aus der Perspektive des reinen Überlebens – wir haben sehr viel mehr Zeit für das Denken. Wir sind nicht mehr damit beschäftigt, wie wir Nahrung beschaffen, um zu überleben. Wir sind damit beschäftigt, welche Art von Nahrung uns wann am besten schmeckt, welche am meisten Spaß und am wenigsten Arbeit macht, und welche Art von Diät wir am besten finden: Hier und in vielen anderen Bereichen unseres Lebens beschäftigen wir uns mit Ideen, Meinungen und Überzeugungen.

Glaubenssätze und Überzeugungen sind in unserem Gehirn – genau wie Erinnerungen auch – eine Ansammlung mentaler Objekte, die aus all dem bestehen, was wir im Laufe unseres bisherigen Lebens aufgenommen, entdeckt oder gelernt haben. Neurowissenschaftliche Forschungen haben gezeigt, dass die Amygdala an der Entstehung von Überzeugungen maßgeblich beteiligt ist. Die Amygdala ist die Region im Gehirn, die in automatisch ablaufenden, biologischen Reaktionen von außen kommende Impulse verarbeitet und diese mit Emotionen quasi einfärbt. Die Emotionalität einer Erfahrung – ob diese als besonders freudvoll, traurig oder furchteinflößend erlebt wird – wird in diesem Teil des Gehirns gespeichert.

Die Amygdala übernimmt auch eine wichtige Rolle bei der Verarbeitung von Furcht und Angst. Zahlreiche Nervenzellen gehen von ihr in die Großhirnrinde. Die Anzahl der Nervenfasern, die umgekehrt vom Großhirn zur Amygdala verlaufen, ist jedoch sehr viel geringer. So wird das Großhirn, in dem das rationale Denken stattfindet, mit Informationen von der Amygdala versorgt. Ein Zugriff auf die Furchtverarbeitung der Amygdala ist für das Großhirn kaum möglich.

So kommt es, dass wir ein psychisches Problem oder einen sabotierenden Glaubenssatz nicht einfach „wegdenken" können. Unsere Gedanken werden eher von unseren Gefühlen gelenkt und gesteuert als umgekehrt. Ganz praktisch wirkt sich diese Funktionsweise des Gehirns so aus: Wenn Kinder in der Schule unter Angst lernen, bleibt das Gelernte im Gedächtnis mit der Angst verkoppelt. So erleben sie Schwierigkeiten beim Abrufen genau dieser Lerninhalte.

Interessant ist in unserem Zusammenhang auch, dass sich (evolutionsbedingt) nach der Geburt die Amygdala schneller entwickelt als die bewusstseinssteuerenden Hirnregionen, die das rationale Denken ermöglichen. Das könnte eine Erklärung dafür sein, warum wir keine eigenen konkreten Erinnerungen an Ereignisse aus dem Säuglingsalter und der frühen Kindheit haben, bestimmte Gefühlserinnerungen jedoch bis in unser Leben als Erwachsene nachwirken können.

Die Amygdala beeinflusst die Arbeitsweise einer weiteren Hirnregion, des Hippocampus, dem Teil des Gehirns, der Ereignisse kurzzeitig speichert. Diese „Informationen" gelangen nur dann ins Großhirn, dem Ort der „dauerhaften Speicherung", wenn diese für das Individuum von hoher Bedeutung sind, also wesentlich fürs Überleben oder verbunden mit starken positiven und somit lebensbejahenden Emotionen wie Begeisterung für ein Hobby. Lebensbedrohliches – also alle Informationen, die mit großer Angst verbunden sind – wird hingegen bereits von der Amygdala sozusagen aussortiert und ist dort für das rationale Bewusstsein im Großhirn nicht zugänglich. Neurowissenschaftler und Psychologen sind sich einig, dass unser emotionales Gedächtnis nichts vergisst.

Was Neurowissenschaftler in den letzten beiden Jahrzehnten in interdisziplinärer Zusammenarbeit mit Psychologen und Soziologen über das Gehirn und das Denken erforscht haben, wirft auch ein interessantes Licht auf die Entwicklung von Emotionen und die Entstehung von Traumata.

Wir verarbeiten – wie oben beschrieben – Informationen grundsätzlich selektiv: wir vergessen Dinge oder Ereignisse, die für uns nicht wichtig sind. Diese Selektion führt das Gehirn automatisch für uns durch. Besonders anfällig dafür, bei diesem Selektionsprozess ausgesondert zu werden, sind das semantische Gedächtnis (Gedächtnis für Wissen) und das episodische Gedächtnis (Erinnerungen an Situationen, zeitliche Bezüge, autobiografische Details). Selten jedoch fällt das „durchs Sieb", was auf dem Weg der emotionalen Konditionierung zum Hippocampus gelangt.

In Tierversuchen hat man diese Zusammenhänge sehr eindrucksvoll dokumentiert. Bei Fütterungen wurde das Öffnen einer Futterklappe im Käfig (= neutraler Reiz) mehrfach mit einem anderen – Angst auslösenden – Reiz (beispielsweise einem leichten Stromstoß) gekoppelt. Die Angst als Gefühlsreaktion blieb erhalten – auch wenn die Futterklappe später ohne Stromstoß aufgeschlossen wurde.

Heute weiß man, dass beim Menschen emotionale Konditionierungen bereits im Mutterleib beginnen und sich fortsetzen, lange bevor ein Kind in der Lage ist, seine Erfahrungen bewusst zu reflektieren oder in Worte zu fassen. Was wir als Kinder emotional erfahren, bleibt ein Leben lang in der Amygdala, unserem emotionalen Gedächtnis, unbewusst haften. Es sind teilweise Gedächtnisinhalte, die wir nicht mit Worten beschreiben und daher nicht als Erinnerungen abrufen können.

Für die „funktionelle Architektur des Gehirns" sind die ersten 20 Lebensjahre entscheidend. Vor allem während dieser Zeit werden die neuronalen Verknüpfungen des Gehirns durch die Interaktion mit der Welt massiv geprägt.[9] Unser Gehirn unterscheidet sich strukturell nicht besonders von dem des Höhlenmenschen. Wie ein Gehirn sich ausbildet und weiterentwickelt, hängt in hohem Maße davon ab, wie es durch Sozialisierung „gefüttert" wird, das heißt vor allem durch den Umgang der Eltern mit ihrem Kind.[10]

Bei jeder Wahrnehmung wird ein äußerst komplexes Erregungsmuster im Gehirn aktiv, das unterschiedlichste Bereiche und Nervenzellen miteinbezieht und das innerhalb von Millisekunden in irgendeiner Weise reagiert. Tatsächlich erfolgt auf ein bestimmtes Ereignis bereits 200 Millisekunden später im limbischen System eine erste Bewertung in Form einer „Grobeinteilung" in angenehme, unangenehme und neutrale Erfahrungen. Dann wird über eine konkrete Emotion die Bedeutung des Ereignisses erkannt und ein Gefühl ausgelöst, das eine bestimmte Reaktion zur Folge hat – ich bekomme Angst, also laufe ich weg, ich ärgere mich, also wehre ich mich usw.

Emotionen – die Gedanken auf der Bühne des Körpers – helfen uns zu handeln

Emotionen sind also für unser Handeln entscheidend. Professor Dr. Klaus Scherer, Emotionsforscher an der Universität Genf, drückt es so aus: „Emotionen haben eine Handlungsfunktion. Sie sollen uns in die Lage versetzen, schnell zu reagieren.“ [11]

António R. Damásio, Professor für Neurologie und Psychologie und einer der führenden Forscher der Neurowissenschaft, trennt zwischen Gefühlen und Emotionen. Nach Damásio sind die Reaktionsmuster der Emotionen sehr eng mit dem Körper verbunden, sie treten auf der „Bühne des Körpers“ auf. Die Emotionen gehen dabei den Gefühlen immer voraus. Gefühle sind wesentlich näher mit verarbeitenden Denkprozessen verknüpft. Gefühle kann man notfalls verstecken, Emotionen kaum.

Emotionen und Gefühle sind für unser Denken von immenser Bedeutung. Ebenfalls interessant ist, dass bestimmte Körpersignale unsere Gefühle beeinflussen und umgekehrt bestimmte Gefühle unsere Körpersignale beeinflussen. Forscher haben herausgefunden, dass sich bei Trauer oder Angst durch eine Veränderung im Bindegewebe der Körperumfang verkleinert. Der Mensch fällt buchstäblich in sich zusammen. Und nicht zuletzt wissen wir alle, dass sich unsere Emotionen und Gefühle auch in unserer Körperhaltung ausdrücken, während den meisten von uns vermutlich weniger bewusst ist, dass sich eine bestimmte Körperhaltung auch auf unsere Stimmung auswirken kann.

> Wir wissen heute, dass sich auch unbewusst ablaufende Prozesse auf verschiedene Weisen beeinflussen lassen. Die Wissenschaft hat eindeutig gezeigt, dass Emotionsmuster nicht starr sind, sondern sich verändern, während wir uns mit ihnen auseinandersetzen.

Für unser Thema ist vor allem folgende Tatsache von Bedeutung: Wenn wir im Folgenden davon sprechen, dass bestimmte Auslöser in uns bestimmte Emotionen und Reaktionen bzw. Reaktionsmuster hervorrufen, dann sprechen wir von einem Prozess, der nicht bewusst oder willentlich steuerbar ist. Je mehr wir uns diesen Prozess jedoch nach und nach bewusst machen, also unsere Emotionen und Reaktionen bewusst reflektieren, umso größeren Einfluss auf diese unbewussten Prozesse gewinnen wir auch. Bei den Emotionen unterscheidet man heute die so genannten Basisemotionen und komplexe Emotionen.

Die acht Basisemotionen findet man in allen Kulturen. Sie sind sehr eindeutig zu identifizieren:[12]

Freude
Trauer
Ärger
Angst
Ekel
Überraschung
Verachtung
Neugier.

Von den Basisemotionen unterscheidet man die komplexen Emotionen, wie zum Beispiel:

Eifersucht
Scham
Stolz
Schuld

Komplexe Emotionen sind immer auch damit verbunden, dass der Mensch, der diese Emotionen gerade erlebt, mit Gedanken über sich selbst beschäftigt ist. Hier muss also ein Teil der Person einen anderen Teil „beobachten“ oder „begutachten“.

Babys verfügen über Basisemotionen; komplexe Emotionen werden erst später erworben. Kinder lernen erst im Alter von zwei bis drei Jahren, über (ihre) Gefühle zu sprechen. Die Eltern bringen ihnen bei, bestimmte Emotionen als Reaktion auf äußere Umstände zu benennen. Zunächst lernen Kinder, ihre Basisemotionen zu erkennen, später verstehen sie auch komplexe Emotionen.

Ab einem Alter von drei bis fünf Jahren sind Kinder in der Lage, bestimmte Emotionen zu beeinflussen, also z. B. ihre Angst, Trauer oder Enttäuschung über ein bestimmtes äußeres Ereignis zu verbergen.

Kinder lernen im Laufe ihrer Entwicklung, bestimmte Emotionen zu beherrschen und ihre wahren Gefühle zu maskieren. Auf diese Weise trennt sich das innere Erleben vom sichtbaren Ausdruck. Ein Kind zeigt z. B. sein Bedürfnis nach Gestreicheltwerden nicht mehr, weil es „gelernt" hat, dass dies bei der Mutter Abwehr auslöst. Es wünscht sich jedoch die Zuwendung der Mutter und verhält sich genau in der Weise, die seiner Mutter gefällt.

Emotionen sind immer an Ereignisse gebunden. Sie werden durch etwas ausgelöst, was in der Umwelt (im Außen) tatsächlich oder im Innern eines Menschen (in einem Traum oder als eine Erinnerung) geschieht.

Aus der Traumatologie (Wissenschaft von den körperlichen und psychischen Verletzungen und deren Behandlung) wissen wir, dass Menschen, die traumatische Erfahrungen machen, so genannte Überlebensstrategien entwickeln. Dies ist für uns wichtig zu wissen, denn genau diese Überlebensstrategien sind es, die sich als sabotierende Kernüberzeugungen in unserem Unterbewusstsein einnisten.

Nehmen wir zum Beispiel einen Säugling, der nach seiner Geburt mit einer lebensbedrohlichen Krankheit in der Klinik liegt. Sein Kontakt zur Mutter ist dadurch unterbrochen – weder spürt er seinen Körper an ihrem, noch hört er ihr Herz schlagen, noch kann sie ihm die Brust geben. Er schreit oder er weint. Er ist in seiner Angst vollkommen gefangen. Er spürt, dass sein Leben in Gefahr ist und dass ihm – offenbar – niemand hilft. Er fühlt, dass er allein gelassen ist. In dieser traumatischen Erfahrung macht der Säugling die Bekanntschaft mit Angst, später Misstrauen. Dieses früh erlebte Trauma der Verlassenheit kann eine Kernüberzeugung etablieren, die dazu führt, dass dieser Mensch später alle Hilfe von anderen ablehnt und jeglicher Form von Nähe misstraut. Da er die Situation des „Verlassenseins" traumatisch erlebt hat, meidet er Nähe in dem verzweifelten (unbewussten) Glauben, dadurch ein erneutes Verlassenwerden verhindern zu können. Eine solche Kernüberzeugung, die sich zum Beispiel in dem Satz: „Ich werde sowieso immer verlassen und dann ist mein Leben in Gefahr" ausdrücken kann, verursacht im Leben des Erwachsenen viel Leid und Einsamkeit.

Aus der Neurobiologie wissen wir, dass ein Trauma im Nervensystem verankert ist – nicht im Ereignis selbst. Obwohl die traumatische Erfahrung vorüber ist, hinterlässt sie eine neurologische Prägung, eine Art „Stempel" im Nervensystem, die mit einem entsprechendem „Panikprogramm" verbunden ist. Das Trauma und die daraus entsprungenen Kernüberzeugungen sind im Körpergedächtnis förmlich „eingeätzt". Der Schaltkreis im Gehirn funktioniert bei der Aktivierung alter Auslöser mit festgelegten physikalischen und körperlichen Empfindungen und entsprechenden Reaktionen. So reagieren wir mit alten Programmen auf (vermeintlich) ähnliche Lebenssituationen. Aber: Wir sind heute nicht mehr das ausgelieferte Kind, sondern Erwachsene, die selbst handeln und ihre Umwelt gestalten können. Außerdem „ähneln" die heutigen Umstände vielleicht dem damals traumatischen Ereignis, sind jedoch in Wirklichkeit ganz anders und unsere unbewusste, „automatische" Reaktion ist daher tatsächlich unpassend oder sogar überzogen.

Die psychotherapeutische Arbeit mit Panik- und Angstpatienten zeigt, dass diese nicht nur ihre physiologischen (körperlichen) Empfindungen „falsch" deuten, sondern dass sie zudem zu Verallgemeinerungen neigen, die mit der Realität wenig zu tun haben. Aus meiner Sicht trifft diese Beobachtung nicht nur in Bezug auf Angst zu. Verallgemeinerungen scheinen eine typisch menschliche Dynamik zu sein und können zum Selbstläufer werden.

Manche Menschen empfinden sich selbst als „überhaupt ängstlich", „überhaupt schüchtern", „überhaupt inkompetent", oder meinen, sie hätten „immer Pech", träten „immer ins Fettnäpfchen" usw. Für die Umwandlung solcher negativen Meinungen über sich selbst ist es erforderlich, solche Pauschalierungen zu beleuchten und zu erkennen, dass beispielsweise nicht in allen Lebensbereichen Angst, Schüchternheit, Inkompetenz oder Pech vorherrscht. Es ist wichtig, detailliert und genau zu hinterfragen, welche Situationen denn tatsächlich von Angst,

Schüchternheit oder einem Gefühl von Inkompetenz oder Scheitern betroffen sind.

Oft ist es erleichternd, wenn die Tendenz zu Verallgemeinerungen durchschaut wurde und Lebenssituationen sowie die dazugehörenden Gefühle dadurch realistischer eingeschätzt werden können. Das heißt für Sie, wenn Sie Ihre eigenen Verallgemeinerungen erkannt haben, ist der Gewinn für Sie, dass Sie ein großes Stück Selbstvertrauen wiederentdecken und zurückerobern. Sie werden dann für weitere Veränderungen offen.

Als Erwachsene haben wir also durchaus eine Chance, Kernüberzeugungen – seien sie nun durch Traumata entstanden oder anderen Ursprungs – aufzudecken und aufzulösen. Alle aktuellen Forschungsergebnisse zeigen, dass es möglich ist, das eigene Denken und Verhalten zu verändern. Damit sind wir auch fähig, unsere künftigen Erfahrungen selbst zu gestalten.

Wenn Ihre Energie richtig fließt, fließen auch Ihre Gedanken in die richtige Richtung

Es gibt aber noch eine andere Ebene, die unser Denken und Handeln beeinflusst. Nicht zuletzt in der Psychosomatik konnte man in den letzten Jahrzehnten beobachten, dass die Methoden der Traditionellen Chinesischen Medizin (TCM), z. B. Akupunktur oder Akupressur, oft überraschende Heilerfolge erzielen konnten. Ganzheitliche Gesundheitssysteme gehen davon aus, dass Körper und Geist untrennbar verbunden sind und dass die „Energie" dabei eine wesentliche Rolle spielt.

Die Begriffe „Chi" (chin.), „Ki" (jap.), „Prana" (ind.), „life force" (engl.) oder „Lebensenergie" (dt.) sind Namen für diese „unsichtbare Körperenergie", die in den Energiebahnen (Meridianen) fließt. Wer zum Beispiel Qi Gong (heilende Bewegungen aus der TCM) oder Pranayama (Atemübungen im Yoga) kennt, hat die Aktivierung der Lebensenergie bereits am eigenen Körper erfahren.

Die Energetische Psychologie (EP) macht sich diese Sichtweise zunutze. Sie vertritt – wie die klassische Psychologie – die Auffassung, dass negative oder einschränkende Kernüberzeugungen infolge früherer, verdrängter psychischer Traumata oder anderer intensiver Erlebnisse entstehen, die mit einem bestimmten emotionalen Zustand einhergingen. Dem fügt sie jedoch die Annahme hinzu, dass diese mit einer bestimmten energetischen Ladung behaftet sind. Diese Energieformen oder Energiekomplexe können mit Hilfe der Meridian-Diagnostik (Befunderhebung zur Feststellung des betroffenen Meridians) aufgespürt und aufgelöst werden.

Seit den 1960er-Jahren haben Pioniere wie George Goodheart, Roger Callahan und Gary Craig Methoden entwickelt, mit denen zum Beispiel Phobien, Depressionen, Traumata oder emotionale Blockaden aufgelöst werden konnten. In der Zwischenzeit werden diese Methoden in Schulen (etwa bei Lern- und Prüfungsstress), im Sport (zur Erzielung von Spitzenleistungen) oder im Beruf (bei Stress-Situationen in Bewerbungsgesprächen, Vorträgen usw.) angewandt.

Die Energetische Psychologie betont für den Erfolg ihrer Methoden die Wichtigkeit des Erkennens und Korrigierens von „psychischen

Umkehrungen", ein Begriff, den Roger Callahan in seiner Arbeit geprägt hat.

Am einfachsten können Sie sich eine psychische Umkehrung wie die Umkehrung der Polarität im Energiesystem Ihres Körpers vorstellen: In Ihrem Körper fließt unsichtbare, elektromagnetische Energie in bestimmten Energiebahnen (Meridianen) von einem Pol zum anderen. Wenn eine Störung im Energiesystem Ihres Körpers auftritt, z. B. wenn Sie sich angegriffen fühlen, fließt diese Energie buchstäblich in die falsche Richtung. Das ist genauso, wie wenn Sie frische Batterien verkehrt herum in eine Taschenlampe einlegen: Sie funktioniert nicht. Aus Sicht der TCM manifestieren sich Krankheiten u. a. dadurch, dass die Körperenergie falsch „gepolt" ist. Die Energetische Psychologie hat herausgefunden, dass eine psychische Umkehrung zu irrationalen Verhaltensweisen führt. Wir produzieren auf einer unbewussten Ebene Gedanken und Verhaltensweisen, die absolut das Gegenteil dessen sind, was wir in bestimmten Situationen als unser Ziel, unsere Absicht oder unsere Denkweise betrachten würden.

Auf die einfache Frage, ob Sie glücklich und gesund sein wollen, eine liebevolle Beziehung führen möchten oder im Beruf Erfolg haben wollen, würden Sie und ich klar mit „Ja" antworten.

Auf der unbewussten (energetischen) Ebene „sagen" Menschen, bei denen eine psychische Umkehrung vorhanden ist, aber etwas anderes. Dies lässt sich durch einen Muskeltest feststellen. Das Ergebnis ist: Sie fühlen sich unglücklich, sie haben gesundheitliche Probleme, ihre Beziehungen sind nicht besonders liebevoll. Der Erfolg im Beruf stellt sich nicht ein.

Eine der Kernaussagen der Energetischen Psychologie besagt, dass Umkehrungen der Energie uns davon abhalten, unsere Ziele zu erreichen. Die außer Balance geratene Energie produziert falsche Vorstellungen oder schwächt unseren Willen.

Die Techniken, die Dr. Gallo Ende der 1990er-Jahre aus seinen Erfahrungen mit der EP entwickelt hat, wie z. B. NAEM (Methode zur Auslöschung negativer Affekte/Gefühle) oder HELP (Heilende Energie des Lichts), sind ganz besonders gut geeignet zur Auflösung von psychischen Umkehrungen, die sich in Form von negativen Glaubenssätzen und einschränkenden Kernüberzeugungen ausdrücken.

Möglicherweise stehen unsere inneren Glaubensmuster in Konflikt mit dem, was wir erreichen wollen, weil wir unbewusst glauben, dass wir es nicht verdient haben, glücklich oder erfolgreich zu sein. Oder wir haben etwas getan, wofür wir uns im tiefsten Innern schämen oder schuldig fühlen, und können uns deshalb nicht voll und ganz akzeptieren. Unser bewusster Wille scheint in solchen Momenten außer Kraft gesetzt. Unsere Handlungen sind ganz anders, als wir wollen. Vielleicht wollen Sie aufhören zu essen, wenn Sie keinen Hunger mehr verspüren. Vielleicht wollen Sie dies aus tiefstem Herzen. Tatsächlich jedoch essen Sie weiter, auch wenn Sie schon satt sind. Ihre Absicht ist, aufzuhören, Sie können aber nicht. Oder Sie nehmen sich vor, im Bewerbungsgespräch souverän und ruhig aufzutreten, sind in der Situation aber sehr nervös, schüchtern und voller Angst.

Sind diese Umkehrungen erst einmal auf der körperenergetischen Ebene aufgelöst, erfahren Sie einen deutlichen Unterschied: Wenn Sie sich irgendwann danach wieder an Ihr (ehemals) belastendes Thema erinnern, scheint es ganz weit weg zu sein. Sie haben einen großen emotionalen Abstand dazu gewonnen. Die Energie, die Sie bisher in Ihre Probleme gesteckt haben, steht Ihnen nun als positive Energie zur Verfügung: Sie leben Ihr volles Potenzial.

Bei den Methoden der Energetischen Psychologie, vor allem denen von Dr. Gallo, habe ich erlebt, dass sabotierende Gedanken und Emotionen – ganz anders als durch verbale Kommunikation – sehr effektiv über die körperliche Ebene angesprochen und aufgelöst werden können. Wo das verstandbetonte (rationale) Gespräch wenig hilfreich ist oder keine langfristige Veränderung bewirkt, können diese nicht-rationalen Techniken einen Zugang zum Unterbewusstsein schaffen und dadurch äußerst effektiv wirken. NAEM und HELP eignen sich sehr gut als Selbsthilfe-Techniken. Wie Sie diese beiden Techniken selbst zu Hause anwenden können, erfahren Sie in der Toolbox Nr. 6.

Wir mischen unsere Karten immer wieder neu, um zu gewinnen

> *Das Leben wird wie ein Spiel betrachtet, bei dem Menschen sich begegnen, und jeder Zug des einen löst einen Gegenzug des anderen aus. Deshalb muss man die Spielregeln kennen.*
>
> *(Uwe Füllgrabe)* [13]

Stellen Sie sich vor: Jedes Kind kommt mit einer Fülle von sehr persönlichen Eigenschaften und Fähigkeiten auf die Welt. Es verfügt über einen bunt gemischten Kartensatz an Möglichkeiten.

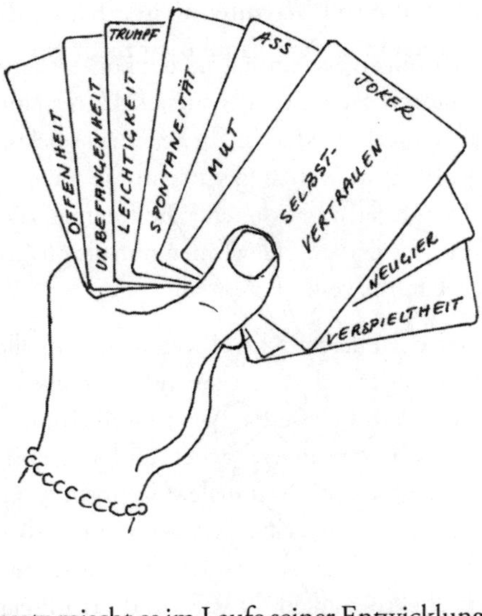

Diesen Kartensatz mischt es im Laufe seiner Entwicklung entsprechend seinen individuellen Bedürfnissen neu. Dabei spielen seine Umgebung und alle Erfahrungen, die es mit seinen Mitmenschen und seiner Umwelt macht, eine entscheidende Rolle.

Glaubenssätze und Kernüberzeugungen – egal, ob förderlich oder sabotierend – sorgen dafür, dass der ursprüngliche „Kartensatz" den gegebenen Lebensumständen des Kindes „angepasst" wird. Sie bestimmen, was es tut oder lässt, um seinen Platz in der Familie „gut" zu besetzen und seine Rolle innerhalb der Gemeinschaft „richtig" zu spielen. Bildlich gesprochen sind die Glaubenssätze und Kernüberzeugungen die Kriterien dafür, welche Karten das Kind behält, welche es abgibt, welche es austauscht und welche es schließlich ganz „unter Verschluss" hält.

Sehr früh in unserem Leben begreifen wir nämlich, dass wir unseren Kartensatz manipulieren müssen, um Gefahren zu vermeiden, um anderen Menschen zu gefallen oder um unsere Zugehörigkeit zur Familie zu sichern. Im Laufe der Zeit haben wir also alle verstanden, dass manche Karten besser funktionieren als andere. Manches Verhalten brachte uns die Aufmerksamkeit ein, die wir haben wollten, ein anderes verschaffte uns die Geborgenheit und Sicherheit, die wir uns wünschten. Aber eine ganze Reihe von Verhaltensweisen hatten die gegenteilige Wirkung und kamen in unserer Familie gar nicht gut an.

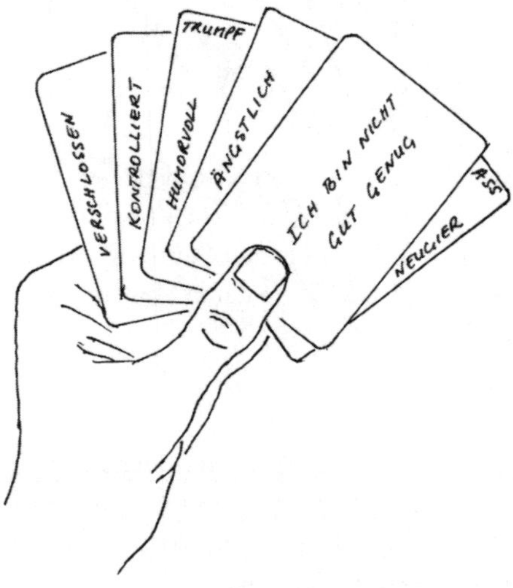

Wie war das bei Ihnen? Womöglich gab es in Ihrem „Originalkartenset" einmal Karten wie „Abenteurer", „Wildheit", „Clown", „Spontaneität", „Verspieltheit", „Träumer" usw. Und wenn Sie diese Karten lebten, rief Ihr Verhalten bei Ihren Eltern Verärgerung oder Unmut hervor. Dieser Unmut erzeugte Unsicherheit in Ihnen – Sie änderten Ihr Verhalten. Indem Sie sich also schon sehr früh merkten, welche Karten akzeptiert wurden und welche nicht, haben Sie Verhaltensstrategien entwickelt, die sich in Ihrer Familie als effizient erwiesen. Hingegen haben Sie diejenigen Verhaltensweisen abgelegt, die offensichtlich nicht funktionierten oder nicht akzeptiert wurden.

Ein Kind ist gerne bereit, aus Liebe zu seiner Familie Karten auszutauschen oder abzulegen – es will ja in dieser Familie seinen Platz finden und behalten. Wenn die anderen es beispielsweise als „faul" oder „unsportlich" bezeichnen, nützt es dem Kind wenig, wenn es sich selbst für einen großen Entdecker oder tollen Sportler hält. Um den „Frieden" in der Familie zu wahren, ist es aus Sicht des Kindes viel „sinnvoller", das Bild von sich selbst (seine Selbsteinschätzung) zugunsten des Bildes aufzugeben, das die Familie von ihm zeichnet. Dieser Prozess spielt sich im Unterbewusstsein ab, ist also weder für das Kind noch für seine Familie „sichtbar".

> Sabotierende Glaubenssätze und Kernüberzeugungen sorgen dafür, dass bestimme Facetten, die zu einer ursprünglichen und authentischen Persönlichkeit gehören, unterdrückt und verfälscht werden, weil sie das Individuum daran hindern, in seiner Familie zurechtzukommen.

Je nachdem, welche Kernüberzeugungen (unterstützende und nährende oder sabotierende und limitierende) Sie in Ihrer Kindheit entwickelten, kann Ihr Lebenskartensatz heute viele Asse, Trümpfe und Joker enthalten. Die meisten von uns aber werden auf dem Weg viele Karten verborgen haben, die uns heute gute Dienste leisten würden. Ebenso wahrscheinlich ist es, dass Ihr Kartensatz heute noch Karten enthält, die für Sie als Erwachsenen und Ihr erfolgreiches und glückliches „Lebensspiel“ längst nicht mehr relevant sind. Womöglich sind es sogar Karten, die für ein glückliches und erfülltes Leben nicht nützlich sind. Vielleicht haben Sie zum Beispiel irgendwann Ihre „Uneingeschränktes-Selbstvertrauen“-Karte gegen die „Ich-bin-nicht-liebenswert“-Karte eingetauscht, weil Sie damit in Ihrer Familie erfolgreicher „spielen“ konnten. Heute wundern Sie sich, warum Sie sich nie wirklich akzeptiert fühlen und sich selbst so wenig zutrauen. Sie haben die Trumpfkarten aus Ihrem ursprünglichen Kartensatz damals abgelegt mit der Folge, dass sie Ihnen heute fehlen.

Wie oben beschrieben, haben die meisten von uns einen Teil unserer ursprünglichen Karten in ein Schatzkästchen gelegt, das sie fest verschlossen hält (bzw. das vom Unterbewusstsein fest verschlossen gehalten wird), und gegen vermeintlich sinnvollere „Ersatzkarten“ eingetauscht. Herauszufinden, welches unsere „ursprünglichen“ Karten waren, und die eingetauschten Ersatzkarten zu entlarven, kann ein sehr lohnendes Ziel sein. Dazu ist es notwendig, die Glaubenssätze und Kernüberzeugungen aufzulösen, die diese ursprünglichen Karten unter Verschluss halten.

Die Macht der Sprache in der Familie

Als Kinder nehmen wir alles „wörtlich"

> *Wir erfahren alle erst, wer wir sind, wenn wir allmählich entdecken, was von denen in uns steckt, die vor uns da waren und die Probleme, an denen wir heute scheitern, werden – in welcher Form auch immer – in denen wieder auftauchen, die uns folgen.*
>
> *(Horst-Eberhard Richter)*[14]

Jeder Mensch trägt von Geburt an die Erfahrungen und Prägungen von zwei familiären Weltsichten in sich – die der Mutter und die des Vaters. Es handelt sich um Prägungen, die meist über viele Generationen zurückreichen. Dieses stillschweigend übernommene Erbe an Gedanken, Gefühlen, Meinungen und Kernüberzeugungen macht es uns in vielen Lebensbereichen schwer (oder sogar unmöglich), unser eigenes Potenzial voll zu entfalten. Unsere inneren Antreiber, die uns „automatisch" in bestimmten Reaktionsmustern handeln lassen, sind gekoppelt an früh erworbene, unbewusste Annahmen darüber, welche inneren Überzeugungen und Werte in unserer Familie mit den Sätzen verknüpft sind, die häufig ausgesprochen werden (und sich auch unausgesprochen auf das Verhalten der Familienmitglieder auswirken), und welche Konsequenzen es hätte, sie nicht zu beachten.

Die Eltern von Ingo waren nach dessen Aussage „Perfektionisten", die ihre Kinder drängten, immer die Besten oder die Ersten in allem zu sein. Das Familienmotto war: „Sei immer der Erste." Ingo hatte in seinem Leben sehr viel erreicht und war aufgrund unnachgiebiger Entschlossenheit sehr erfolgreich. Nun aber war er in meine Praxis gekommen, weil man ihm nach einem Burnout nahegelegt hatte, in eine weniger verantwortungsvolle Position zu wechseln. Diese objektiv kluge Entscheidung löste bei ihm jedoch regelrecht eine Panik aus. Er konnte und wollte sich einen „Rückschritt" nicht erlauben. Er war gekommen, um mit meiner Hilfe wieder so zu „funktionieren", wie er es von sich erwartete. Das von der Familie übernommene Lebensmotto hatte ihm zwar viele Erfolge beschert, war ihm in gesundheitlicher und psychischer Hinsicht aber zum Verhängnis geworden.

Aus der Psychoanalyse wissen wir, dass Eltern unbewusst eigene, nicht gelöste Konflikte an ihre Kinder weitergeben. Auch Dinge, die die Eltern verschweigen, kommen oft „verschlüsselt" in den Kindern zum Ausdruck, z. B. durch Schlafstörungen, Schulversagen oder in Form psychosomatischer Störungen wie Bettnässen, Bauch- und Kopfschmerzen, Asthma usw. Wie wir im Beispiel gesehen haben, können sich übernommene Familienmottos und Kernüberzeugungen mitunter sogar erst im Erwachsenenalter als krankhafte Symptome manifestieren.

Auch Glaubenssätze und Kernüberzeugungen in Form von Familienmottos – egal ob motivierende oder sabotierende – werden unbewusst von Generation zu Generation weitergegeben. Ich bin überzeugt davon, dass sie sehr lange in unseren Familien als gültige Regeln gelebt und auf diese Weise regelrecht „konserviert" werden. Geht man einer Kernüberzeugung nach, findet man nicht selten eine lange „Tradition" desselben Musters in ein- und derselben Familie. Ein Glaubensmuster oder eine Überzeugung, die sich beim Enkel findet, findet sich – wie im Beispiel von Heidi (siehe Seite 24) – etwa auch beim Vater und Großvater.

Eine wirksame Methode, mit der man dieses „Wiederholungsspiel" aufdecken kann, ist das Familienstellen, die ich auch selbst immer wieder anwende.

Die Methode geht auf verschiedene Formen und Ansätze der Psychotherapie wie Psychodrama, Gestalttherapie, Familientherapie und systemische Therapie zurück. Aus der systemischen Therapie stammt beispielsweise auch die Bezeichnung einer Familie oder eines Teams von Kollegen als „System". Dieser Begriff symbolisiert, dass jedes Mitglied der Familie oder des Teams in irgendeiner bestimmten Weise mit dem anderen verbunden ist, und dass die Gruppe als Ganzes – das „System" – aufgrund der dort geltenden und wirkenden „Verhaltensregeln" zusammengehalten wird.

Aufstellungen halte ich – wenn sie kompetent angewandt werden – für eine hervorragende Methode, um unbewusste Loyalitäten, negative Denk- und Lebensmuster zu erkennen und zu lösen, um für sich selbst Gesundheit und Glück zu erreichen und einen guten und angemessenen Platz im System der Herkunftsfamilie, der eigenen Beziehung oder Familie oder auch im Kreise von Arbeitskollegen zu finden. Vor allem ist sie ein machtvolles Instrument zur Klärung von Beziehungsmustern, da sie eben davon ausgeht, dass jeder Mensch innerlich mit den Verhaltens- und Fühlweisen seiner Herkunftsfamilie oder auch denen des Partners bzw. der Partnerin verbunden ist. Somit werden auch die Entwicklungs- und Handlungsmöglichkeiten der jeweiligen Person durch die Geschichte der Familie und durch Regeln, Muster oder Loyalitäten mitbestimmt, die von dort übernommen wurden. Diese unbewussten Verstrickungen aufzudecken, ist das Ziel des Familienstellens.

Den Ablauf einer Familienaufstellung zur Auflösung von Kernüberzeugungen können Sie sich ungefähr so vorstellen: Der Aufstellende wählt nach Nennung seines Anliegens Stellvertreter für verschiedene Personen aus seiner Familie oder seinem beruflichen Umfeld. Er stellt diese Stellvertreter nach seinem inneren Bild an ihren „richtigen" Platz im Raum. Ein Stellvertreter weiß, dass er „der große Bruder" des Aufstellenden ist, eine Stellvertreterin dessen „Lieblingstante" – mehr aber auch nicht. Die Positionierung der Personen zueinander und die damit hergestellte Nähe und Abstand, Zu- oder Abgewandtheit wirkt dabei auf subtile, aber eindeutige Weise. Die Stellvertreter, die in die Rolle relevanter Bezugspersonen geschlüpft sind, drücken intuitiv entstehende Gedanken oder Empfindungen durch Bewegungen, Handlungen, Sprache usw. aus. Was die Einzelnen ungefiltert zum Ausdruck bringen, sind Informationen aus dem jeweiligen (Familien- oder Team-)System, die für den Aufstellenden bisher verborgen geblieben war. So werden beispielsweise verschwiegene Konflikte früherer Generationen, unterdrückte Gefühle oder traumatische Ereignisse, unter denen Familienmitglieder unbewusst leiden, durch einen Stellvertreter ans Tageslicht gebracht.

Sehr häufig werden sich die Aufstellenden in solchen Aufstellungen augenblicklich und sonnenklar unbewusster Loyalitäten oder starker Identifizierungen mit dem Schicksal eines Familienmitglieds bewusst.

Allein das Anschauen solcher Beziehungsgeflechte eines Systems hilft, etwaige Verstrickungen zu würdigen und aufzulösen. Und dann kann sich für den Aufstellenden eine neue Sichtweise ergeben, die zu einer Neuordnung des gesamten Systems führt. In der Familienaufstellung geschieht dies, indem der Aufstellende die Stellvertreter auf andere Positionen platziert (oder die Stellvertreter wechseln selbst (aktiv) ihre Position). Die inneren Prozesse, die während des Familienstellens im Aufstellenden ablaufen, bewirken, dass die hier sich ergebende Neuordnung auch in der Realität wirksam wird.

Mit der Technik des Familienstellens durchschauen wir also Verkettungen und Zusammenhänge und sind deshalb in der Lage, sie aufzuheben und uns von einschränkenden Bindungen zu befreien, um in unserem jetzigen Leben handlungsfähiger zu werden. Häufig ausgesprochene Verhaltensregeln oder auch stillschweigende Verhaltensweisen (wie das Vermeiden eines bestimmten Themas in Gegenwart bestimmter Personen), hinter denen unausgesprochene Sätze stehen, werden von den Stellvertretern in vielen Fällen spontan ausgesprochen. Das macht es möglich, sabotierende Kernüberzeugungen zu erkennen und direkt aufzulösen. Sie lösen sich oft genau in dem Moment auf, wo der Aufstellende sie in ihrem einstigen Wert würdigt – denn in einem früher gegebenen Kontext waren sie ja durchaus sinnvoll oder hilfreich.

Familienstellen kann also eine sehr wirksame Methode sein, sabotierende Kernüberzeugungen nicht nur sichtbar zu machen, sondern auch zu lösen. In vielen eindrucksvollen und bewegenden Aufstellungen habe ich gesehen, wie Kernüberzeugungen von Generation zu Generation tradiert worden sind und wie stark sie heute noch im Unbewussten der Aufstellenden wirken.

Ich habe beispielsweise erlebt, dass ein Anliegen, das mit einer Kernüberzeugung zum Thema „geschäftlicher Erfolg“ zu tun hatte, bis in die Urgroßvater-Generation eines Aufstellenden zurückverfolgt werden konnte. Die Kernüberzeugung, die durch einen Stellvertreter zum Ausdruck kam, hatte sogar die sprachliche Färbung der damaligen Zeit (Anfang des 19. Jahrhunderts)!

Eine solche Kernüberzeugung, die im 19. Jahrhundert höchstwahrscheinlich eine Relevanz hatte, aber heute – unter völlig anderen gesellschaftlichen und ökonomischen Rahmenbedingungen und Werten – immer noch wirkt, kann nicht nur unzeitgemäß, sondern wird sogar hinderlich sein – und das in jeder Hinsicht. Deshalb beziehe ich die Erkenntnisse aus dem Familien- und Systemaufstellen regelmäßig in meine Arbeit ein.

So ist beispielsweise der problembehaftete oder ambivalente Bezug, den viele Menschen zum Thema „Erfolg" haben, häufig auf einen (unbewussten) Loyalitätskonflikt mit ihren Eltern oder sogar mit Groß- oder Urgroßeltern zurückzuführen. In vielen Fällen sind solche Menschen in Familien aufgewachsen, in denen häufig Sätze ausgesprochen wurden, die Geld und Erfolg direkt oder indirekt abwerteten, zum Beispiel: „Wir sind nicht reich, aber anständig", „Geld stinkt" oder „Erfolg hat man nur, wenn man die richtigen Leute kennt". Je öfter solch ein Satz gehört wird, umso tiefer gräbt er sich ins Unterbewusstsein eines Menschen ein. Da solche Sätze aus dem Verborgenen heraus wirken, sind sie sehr stark und gegenüber den Gedanken auf der bewussten Ebene sehr kontraproduktiv.

Deshalb bleibt es den Betroffenen meist unbegreiflich, warum sie immer wieder Situationen erleben, die ihren Erfolg zunichte machen. Sie geraten in einen unbewussten Konflikt, sobald sie merken, dass sie womöglich erfolgreicher sein könnten oder mehr Geld, Vermögen und Besitz haben könnten als ihre Eltern, Geschwister oder andere Verwandte. Sehr häufig sind sie nicht wirklich erfolgreich bzw. halten ihren Erfolg nicht durch. Sie „erlauben sich nicht", so richtig erfolgreich sein, denn die Loyalität zu der eigenen Familie steht genau diesem Erfolg im Wege.

Auch aus einer starken Identifikation mit dem Schicksal irgendeines Familienmitglieds können Kernüberzeugungen entstehen und Zustände und Gefühle in uns hervorrufen, die nicht zu uns selbst gehören. Diese Gefühle werden daher als „Fremdgefühle" oder „übernommene Gefühle" bezeichnet.

Ingrid kam zu mir, weil sie sich von beruflichen Misserfolgen gebeutelt fühlte. In den letzten fünfzehn Jahren hatte sie konsequent an ihrer Karriere gearbeitet und genoss Ansehen unter ihren Kollegen. Ihr Dilemma war, das sie es immer wieder „irgendwie" schaffte, sich gerade dann, wenn es besonders gut lief, in eine Krise zu begeben. Beim ersten

Mal hatte sie sich – aus für sie unerklärlichen Gründen – mit einem langjährigen Kunden verkracht, beim zweiten Mal hat sie sich bei einer Vertriebsstrategie vollkommen verkalkuliert. Das dritte Mal bahnte sich jetzt durch einen unnötigen Streit mit ihrem Vorgesetzten bereits an. Sie kam in meine Praxis und klagte über ihre Angst, dass es wieder „bergab" gehen könnte und dass sie sich irgendwie ganz kraftlos fühle.

Ingrid hatte die leise Ahnung, dass sie die sich wiederholenden Rückschläge auf irgendeine Art und Weise selbst provozierte, konnte dies aber überhaupt nicht verstehen und fand ihre eigenen Gedanken (z. B. „Warum kann ich meinen Erfolg nicht aushalten?") zum Teil ganz absurd und fremd.

Um die Ressourcen und Störfelder zu identifizieren, fragte ich sie, ob jemand in ihrer Familie einen beruflichen Misserfolg oder wiederholte Misserfolge hatte erleiden müssen. Ich bat sie, dabei nicht nur an ihre Eltern zu denken, sondern auch an ihre Urgroßeltern und Großeltern, Onkel und Tanten. Bei ihren Eltern fand Ingrid keine Anzeichen für Misserfolg. Ihr Vater konnte auf einen erfüllten und glücklichen Werdegang zurückblicken, ihre Mutter war in ihrer Rolle als Mutter und Hausfrau sehr zufrieden. Über ihre Großeltern wusste sie nicht viel zu berichten.

Nach einer Entspannungsmeditation fiel ihr plötzlich ein Onkel ein, der Bruder ihrer Mutter. Ihn fand Ingrid ganz toll, jedoch machte sein Schicksal sie traurig. Er hatte – genau wie sie selbst – großen beruflichen Erfolg genossen bis zu dem Tag, als er mit seinem Unternehmen Insolvenz anmelden musste, ja, man hatte ihm sogar eine verschleppte Insolvenz vorgeworfen. Von diesen Ereignissen hatte ihr Onkel sich nie mehr so richtig erholt. Kurze Zeit später wurde er sehr krank und verstarb. Ingrid wusste zu berichten, dass ihre Familie stets sehr negativ über diesen Onkel gesprochen hatte, sie selber aber hatte ihn sehr ins Herz geschlossen.

Wenn die Familie über diesen Onkel sprach, dann fielen immer wieder Sätze wie: „Das ist der Preis für seinen Erfolg!" oder „Das hat er davon, dass er so hoch hinaus wollte!" Diese Sätze waren ihr sehr nahe gegangen und sie fühlte sich sehr betroffen wegen der ablehnenden, fast schon feindseligen Haltung ihrer Familie dem Onkel gegenüber.

Im Laufe unserer gemeinsamen Arbeit wurde ihr klar, dass sie ihrem Onkel mit ihren eigenen beruflichen Misserfolgen unbewusst die Treue hielt.

Meine Frage, ob sie glaube, dass ihr verstorbener Onkel glücklich wäre, wenn er sehen könnte, wie sie aus Loyalität und Treue zu ihm die eigene Karriere aufs Spiel setzte, machte die junge Frau sehr nachdenklich. „Natürlich nicht, er würde bestimmt wollen, dass ich erfolgreich bin und dass es mir gut geht", antwortete sie.

Schließlich gelang es ihr, sich von der blinden Treue zu ihrem Onkel zu lösen. Sie konnte die alte, bisher unbewusste Überzeugung, dass sie beruflich nicht erfolgreicher sein dürfe als dieser geliebte Onkel, transformieren. Ihr Motto lautete jetzt: „Ich genieße voll und ganz meinen eigenen Erfolg."

Die Auflösung der sabotierenden Kernüberzeugung wirkte in Ingrid einige Monate nach. Irgendwann rief sie mich an und berichtete von einer merklichen Veränderung in ihrem Lebensgrundgefühl. Was das Thema ihres beruflichen Erfolgs anging, könne sie sich deutlich entspannen; zwischenzeitlich habe sie ihre Position im Unternehmen verbessert und es ginge ihr gut dabei.

„Meinen“ wir wirklich, was wir sagen?

In meiner Arbeit geht es in der Regel darum, Erwachsenen zu helfen, ihre im Unterbewusstsein lauernden mentalen Saboteure in Form von einschränkenden Glaubenssätzen und Kernüberzeugungen aufzudecken und zu transformieren. Nach allem, was wir aber mittlerweile über die psychologischen und neurologischen Vorgänge wissen, die sabotierende Glaubenssätze und Kernüberzeugungen entstehen lassen, und dass diese sogar unbewusst von Familiengeneration zu Familiengeneration quasi vererbt werden, glaube ich jedoch, dass es gut ist, auch dafür zu sorgen, dass wir selbst nicht diejenigen sind, die diese unbedacht an unsere Kinder weitergeben.

Ich möchte deshalb an dieser Stelle Ihren Blick in eine etwas andere Richtung lenken, vor allem, wenn Sie Mutter oder Vater, Erzieherin oder Lehrer sind oder sonstwie häufig mit Kindern zu tun haben. Ihr wachsames Verhalten gegenüber Kindern und Jugendlichen kann viel dazu beitragen, dass diese möglichst viele ihrer ganz persönlichen „Trumpfkarten“ des Verhaltens behalten und ausspielen können – und zu glücklichen Menschen mit einem gesunden Selbstwertgefühl heranwachsen.

Oft ist es unsere eigene Hilflosigkeit, sind es eigene Ängste und Unsicherheiten, die dazu führen, dass wir unseren Kindern unseren Willen aufzwingen und ihre gesunde Persönlichkeit angreifen. Wenn das Verhalten eines Kindes (oder das eines anderen Menschen generell) uns unangenehm ist, sollten wir deshalb immer auch innehalten und uns fragen, was genau diese unangenehmen Gefühle auslöst. Oft ist es etwas im Verhalten des anderen, das uns Angst macht oder Unbehagen auslöst. Und nicht selten ist das etwas, was wir (an uns selbst) vermissen. Das geht uns ganz besonders gegenüber Kindern so, weil die noch sehr viel spontaner und facettenreicher sind als wir. (Sie „spielen“ noch unbeschwert mit ihren „Trumpfkarten“.) Oft bringt uns gerade dasjenige Verhalten in Rage, das uns selber vor langer Zeit abgesprochen wurde. (Woraufhin wir unsere eigene „Trumpfkarte“ in der Schatztruhe eingeschlossen und fortan mit einer schwächeren Ersatzkarte „weitergespielt“ haben.)

Wenn wir nun erleben, wie unbefangen ein Kind mit bestimmten Dingen und Situationen umgeht, wird unbewusst oft die Wut in uns wach darüber, dass man uns und unser Verhalten irgendwann „zurechtgestutzt“ hat, damit wir den Wünschen und Vorstellungen anderer entsprachen. Diese für uns damals verbotenen Verhaltensweisen bei unseren Kindern zu sehen, löst Unbehagen in uns aus. Unsere spontane Reaktion entspricht genau der, die wir als Kind damals erlebt haben: Ablehnung.

Ein Kind zum Beispiel, das von morgens bis abends singt und plappert, sich selbst und die Welt genießt, löst in unserem Unterbewusstsein vielleicht die Erinnerung daran aus, dass wir selber auch einmal so unbefangen und frei waren, heute aber längst nicht mehr so spontan sind. Natürlich bringe ich ein Kind am schnellsten zum Schweigen, wenn ich so etwas sage wie: „Dein nervtötender Gesang geht mir auf den Geist“ oder: „Dieses schiefe Gesinge ist unerträglich.“ Natürlich habe ich dann vermutlich erst einmal Ruhe, gleichzeitig aber vermittle ich eine verletzende Botschaft, die sich das Kind womöglich zu Herzen nimmt. Wenn die Situation verletzend genug ist, oder häufiger auftritt, ist es sogar sehr wahrscheinlich, dass das Kind denken wird, es könne wirklich nicht singen, und es wird vielleicht fortan nur noch heimlich singen. Auf einer anderen Ebene kann sich diese Grunderfahrung so auswirken, dass das Kind zunehmend Hemmungen entwickelt, wenn es darum geht, sich auszudrücken.

Niemand hat sich ständig unter Kontrolle und kann jedes Wort, jedes Gefühl oder jeden Gedanken bewusst lenken, aber ich glaube, dass es sich lohnt, sensibler dafür zu werden, wie viel Einfluss unser gesprochenes Wort oder ein bestimmtes Verhalten von uns gerade auf Kinder und Jugendliche haben kann. Wie aber können wir als Eltern, Erzieher oder Bezugspersonen bewusster und inspirierender mit Kindern umgehen? Was können wir tun, um zu verhindern, dass wir aus eigener Verzweiflung, Ärger oder Frustration etwas Unbedachtes oder Verletzendes sagen und damit womöglich dauerhaften Schaden anrichten?

Ich persönlich glaube, dass es in erster Linie enorm wichtig ist, den Selbstwert eines Menschen zu achten und zu schützen. Das gilt insbesondere im Umgang mit jungen Menschen, deren Persönlichkeit sich als Reaktion auf seine Umwelt gerade erst bildet. Sich selbst in seiner ganzen Person als wertvoll zu empfinden, ist enorm wichtig, um ein erfolgreiches und glückliches Leben zu führen. Ich lerne immer wieder Menschen kennen, deren Selbstwertgefühl sehr geschwächt ist, und es ist eklatant, wie schwer es diesen Menschen fällt, sich selbst zu verwirklichen und ein erfülltes Leben zu führen.

Meiner Meinung nach kommt es deshalb darauf an, sehr genau zu differenzieren, wenn ich etwas an einem Menschen kritisiere. Anders ausgedrückt: Es geht darum, genau darauf zu achten, *was* ich kritisiere. Wenn ein Kind oder Jugendlicher hört, das sein *Verhalten* Anlass zur Sorge, Verärgerung oder Wut gibt, kann er trotzdem erkennen, dass nicht *er selbst* in seinem innersten Wesen abgelehnt wird, sondern dass das, was er getan oder wie er sich in einer bestimmten Situation verhalten hat, keine Zustimmung findet. Es ist von unschätzbarem Wert, wenn ein Säugling, ein Kleinkind und auch ein junger Mensch lernt, dass er so „richtig“ und „gut“ ist, wie er ist, und dass er sich freudig entfalten darf – auch wenn es Grenzen gibt, die er respektieren und akzeptieren muss. Schließlich gibt es neben ihm auch andere Menschen mit Bedürfnissen, Wünschen und Plänen. Es macht allerdings einen deutlichen Unterschied, ob ich zu einem Kind sage: „*Du* bist furchtbar unordentlich und schlampig!“ oder ob ich sage: „Ich habe ein Problem mit deinem *Verhalten* in unserer Wohnung, weil mir persönlich Ordnung sehr wichtig ist und ich gerne möchte, dass du auch meine Bedürfnisse respektierst.“ Auf einer solchen Basis lassen sich (im aktuellen Zusammenleben) sicherlich gemeinsame Lösungen und Kompromisse viel leichter finden als unter der lähmenden Atmosphäre gegenseitiger Schuldzuweisungen. Langfristig betrachtet sorgen wir mit solch einer Umgangsweise bei dem Kind aber auch dafür, dass es seine Karte „Ich bin ein wertvolles Mitglied meiner Familie“ weiter behält und „spielt“.

Es ist nicht unbedingt gesagt, dass Sie mit dem einen Verhalten mehr erreichen als mit dem anderen (das kommt immer auch auf die Umstände, auf Ihre und auf die Persönlichkeit des Kindes an). Es macht jedoch einen deutlichen Unterschied hinsichtlich der Folgen, die Ihr Verhalten auf die Entwicklung Ihres Kindes hat. Und ich bin ziemlich sicher: Wenn Ihr Kind spürt, dass Sie es lieben und gut mit ihm meinen, anstatt dass Sie Ihre Macht demonstrieren, wird es auch selber eher bereit sein, sein Verhalten aus einem gesunden Selbstwertgefühl heraus zu überdenken und auch Ihre Bedürfnisse respektieren.

Wenn wir ein Kind ständig demütigen, es in seine Schranken weisen (die in Wahrheit unsere eigenen Schranken sind) und es immer wieder wissen lassen, wie dumm und minderwertig es in unseren Augen ist, wird es auch selbst sich immer weniger lieben und seine unterschiedlichen Facetten annehmen können. Es wird zunehmend Zweifel darüber entwickeln, ob es so „richtig" ist, wie es ist, und auch darüber, was es „kann".

Gerade diese Zweifel sind es jedoch, die oft Hand in Hand gehen mit sabotierenden Überzeugungen. Kinder, die eine stetige, verlässliche Liebe von ihren Eltern und von der Umwelt erfahren, die wertgeschätzt und respektiert werden, entwickeln die Kernüberzeugung, dass sie wertvoll sind. Ihr Selbstwertgefühl und ihre Selbstliebe sind gesund und stark. Dieses starke Selbstwertgefühl ist das, was im Erwachsenenleben wie ein verlässlicher Schutzschild gegen die Stürme des Lebens wirkt.

Am Kühlschrank meiner Mutter hing viele Jahre lang ein Gedicht,[15] dessen wundervolle Zeilen, ich bis heute nicht vergessen habe:

Kinder lernen, was sie erleben
Wenn ein Kind aufwächst umgeben von Tadel,
lernt es zu verurteilen.
Wenn ein Kind aufwächst umgeben von Ablehnung,
lernt es, um sich zu schlagen.
Wenn ein Kind aufwächst umgeben von Respektlosigkeit,
lernt es, misstrauisch zu werden.
Wenn ein Kind aufwächst umgeben von Neid,
lernt es, sich schuldig zu fühlen.
Wenn ein Kind aufwächst umgeben von Verständnis,
lernt es, nachsichtig zu werden.
Wenn ein Kind aufwächst umgeben von Ermutigung,
lernt es Zuversicht.
Wenn ein Kind aufwächst umgeben von Lob,
lernt es, die Welt einzuschätzen, richtig zu handeln.
Wenn ein Kind aufwächst umgeben von Aufrichtigkeit,
lernt es Gerechtigkeit.
Wenn ein Kind aufwächst umgeben von Großherzigkeit,
lernt es Vertrauen.
Wenn ein Kind aufwächst umgeben von Freundlichkeit,
lernt es Großmut.
Wenn ein Kind aufwächst umgeben von Anerkennung und Freundschaft,
lernt es, die Welt zu lieben.

Nichts als Worte?
Sprichwörter, Redensarten und Mottos in der Familie

> *Ich glaube, ich verstehe, was Sie sagen wollen. Aber könnten Sie versuchen, es noch einmal so zu formulieren, dass es inspirierend wirkt?*
>
> *(Lance Secretan)*[16]

Franziska erzählte mir von einer Redensart, die sie von Kindesbeinen an von ihrer Mutter sehr oft zu hören bekam:

> *Ich weiß nicht, was du willst, das Leben ist kein bunter Teller!" Franziskas Großmutter, die auch mit im Hause wohnte, fügte oft gleich folgenden Satz hinzu: „Ja, das Leben ist hart, eines der härtesten, wirst du schon merken". Je älter Franziska wurde, so erzählte sie, umso mehr ärgerte sie sich, wenn diese Sätze fielen. „Als Kind habe ich die Wucht dieser Sätze nicht gespürt; später als Teenager habe ich meistens etwas Freches erwidert, als junge Frau habe ich mich innerlich distanziert und sie als eine Art blöde Gehirnwäsche abgetan. Heute weiß ich, dass sie alles andere als spurlos an mir vorbeigegangen sind. Als reife Frau begreife ich, dass meine Mutter und Großmutter mir sehr früh ein Gefühl von Verantwortung vermitteln wollten. Ich wuchs ohne Vater auf, und ‚wir Frauen' waren allein auf uns selbst gestellt. Diese Redensart hat mir allerdings eher ein Gefühl von Angst vermittelt, und dass ich mir eine Menge Sorgen machen muss. Und dass das Leben eine sehr ernste Angelegenheit ist."*

Alle Eltern oder Bezugspersonen haben wohl solche Lieblingssprüche. Klingt auch Ihnen schon einer aus Ihrer Vergangenheit im Ohr? Die Absicht unserer Eltern ist meistens die eine: Sie wollen uns ermuntern, unser Leben selbst in die Hand zu nehmen. Auf keinen Fall wollten sie uns mit solchen Aussagen unnötigerweise Angst machen. Viele Sprichwörter und Volksweisheiten, die einen festen Bestandteil in der Familienkonversation haben, basieren jedoch auf Angst und säen Besorgnis anstatt Beruhigung oder Ermutigung in uns.

Ich wuchs in England auf und ging als Kind in eine Ganztagsschule. Meist kam ich spät am Nachmittag müde nach Hause. Kaum angekommen, holte ich meinen Ranzen, setzte mich an den Schreibtisch und begann, meine Hausaufgaben zu machen – erschöpft, unkonzentriert und ziemlich lustlos. Das war kein Wunder, denn ich hatte bereits einen langen, anstrengenden Schultag hinter mir. Aber irgendwie trieb mich eine innere Stimme unerbittlich an. Die Stimme in meinem Kopf sagte „First work, then play!“, also: „Erst die Arbeit, dann das Spiel!“ – ein Spruch, den meine Mutter häufig zu sagen pflegte.

Viele Jahre später, als ich bereits einige Berufsjahre hinter mir hatte, merkte ich, dass ich mein Leben immer noch nach diesem ungeschriebenen Gesetz einrichtete. „First work, then play!“ Ich überging häufig die Signale meines Körpers und mein Bedürfnis nach Ruhe, denn das, was in meiner Kindheit als „harmlose“ Redensart begonnen hatte, war inzwischen als „inneres Gesetz“ zu einer Art Selbstläufer geworden. Dieses Gesetz war nicht nur so mächtig, dass ich es auf keinen Fall brechen durfte, es trieb mich auch ständig weiter an, ohne dass mir das bewusst gewesen war und ohne, dass ich jemals auf die Idee gekommen wäre, den Sinn dieses Gesetzes zu hinterfragen. Dass viele Dinge in meinem Leben vielleicht wesentlich angenehmer, erfolgreicher und gesünder hätten verlaufen können, wenn ich es nur einmal gewagt hätte, dieses Gesetz zu „übertreten“, wurde mir erst im Laufe der Arbeit mit meinen Klienten bewusst.

„First work, then play!“ ist das, was meine Familie glaubt, lebt und an mich weitergegeben hat. Mit guter Absicht natürlich. Es ist eine Vorstellung, wie die Dinge zu laufen haben. Dieses Gesetz hat in meiner Familie eine enorme Kraft und übte auf mich gewaltige Macht aus.

Die Entdeckung der mächtigen Wirkung eines solch „simplen“ Spruches weckte meinen Forschergeist. Es dauerte nicht lange, und ich spürte weitere alltägliche „Familiensprüche“ auf. „When in doubt, do nothing!“ war einer davon – übersetzt: „Wenn du im Zweifel bist oder nicht weißt, was du tun sollst, tue nichts!“ Nun, in meinem Leben hat es viele Momente des Zweifelns gegeben. Und ich habe dem „Familiengesetz“ brav gehorcht und buchstäblich nichts getan. Rückblickend mag das hier und da sogar angebracht gewesen sein. Ich will die grundsätzliche Richtigkeit dieses Rates nicht anzweifeln, denn es gibt durchaus Situationen im Leben, in denen das Abwarten nicht die schlechteste Lösung ist. Allerdings ist „Nichtstun“ ganz sicher keine Patentlösung – und ich habe lange gebraucht, bis ich diese sprachliche Brille (und damit auch die „Gedankenbrille“) ablegen konnte. Das lag daran, dass ich die ganze Zeit gar nicht merkte, wie sehr diese Redensart mein Leben beeinflusste. Es war mir schlichtweg nicht bewusst, dass und wie sie auf mich und mein Leben wirkte.

Inzwischen habe ich die Redensart für mich so verändert bzw. abgewandelt, dass sie zu mir und meinem Leben passt und mich unterstützt statt behindert. „When in doubt, get more information and listen to your heart!“ lautet der Spruch heute – „Wenn ich im Zweifel bin, beschaffe ich mir mehr Informationen und ich höre auf mein Herz!“

Die „Familiengesetze“ meiner Kindheit zu entdecken, sie zu transformieren und loszulassen war eine Offenbarung, die mein Leben grundlegend veränderte. Die Untersuchung meines eigenen Umgangs mit der Sprache (und dem der Menschen, mit denen ich privat und beruflich zu tun habe) brachte es ans Licht, welchen enormen Raum solche Redensarten und Sprichwörter einnehmen, welche unerwartete Wirkung sie in unseren Gedanken und in unserem Glaubenssystem haben können und was sie mitunter in unserem Leben anrichten. Sehr oft verselbständigen sie sich als Glaubenssätze und füttern unsere tiefer sitzenden, sabotierenden Kernüberzeugungen.

> Die Sprichwörter und Redensarten, die ein Mensch gebraucht (oder die unbewusst in ihm wirken), spiegeln oft seine Weltanschauung oder lassen Rückschlüsse darauf zu, was für eine Denkweise er von seinen Eltern und anderen Bezugspersonen übernommen hat.

Menschen verwenden oft viele scheinbar harmlose Worte, die jedoch von enormer Bedeutung sind, wenn man sie unter dem Aspekt ihrer einschränkenden Wirkung betrachtet. Wann immer solche in unserem alltäglichen Sprachgebrauch auftauchen, lohnt es sich, sie zu untersuchen und die damit verknüpfte Denkweise zu entlarven. Dadurch wird sehr schnell klar, dass viele Einschränkungen, die wir im Außen vermuten, tatsächlich in unserem eigenen Kopf existieren. Sie sind es, die verhindern, dass wir Herausforderungen annehmen, Möglichkeiten zur Lösung unserer Probleme erkennen oder unsere Wünsche und Bedürfnisse erfüllen können.

Ich möchte Sie gerne ermutigen, Ihre eigenen „Familiengesetze" und Familienmottos aufzuspüren. Was sagt man so in Ihrer Familie? Welche Sprichwörter oder Redensarten begegnen Ihnen am häufigsten? Kommen Ihnen manche der unten stehenden Redensarten und Sprichwörter bekannt vor?

- ☒ *Das Leben ist schwer.*
- ☐ *Man muss sich alles hart erarbeiten.*
- ☒ *Man bekommt nichts geschenkt im Leben.*
- ☐ *Glück ist nur was für Reiche.*
- ☒ *Aller Anfang ist schwer.*
- ☒ *Ein Unglück kommt selten allein.*
- ☒ *Du wirst dich noch umschauen!*
- ☒ *Komm du erst mal in mein Alter.*
- ☐ *Das geht nicht gut.*
- ☐ *Das konnte nicht gut gehen.*
- ☐ *Das hast du jetzt davon.*
- ☐ *Was hast du dir nur dabei gedacht?*
- ☐ *So einfach ist das nicht.*
- ☒ *So leicht kommst du nicht davon.*
- ☒ *Eigenlob stinkt.*
- ☐ *Man kann alten Hunden keine neuen Tricks beibringen.*
- ☐ *Was Hänschen nicht lernt, lernt Hans nimmermehr.*
- ☐ *Fleiß gleich Erfolg.*
- ☐ *Eher geht ein Kamel durch ein Nadelöhr, als dass ein Reicher in den Himmel kommt.*
- ☐ *Geld stinkt.*
- ☒ *Geld wächst nicht an Bäumen.*
- ☐ *Das hast du nicht verdient.*
- ☒ *Wer den Pfennig nicht ehrt, ist des Talers nicht wert.*
- ☒ *Von Geld kann man sich auch nicht alles kaufen.*
- ☒ *Nichts im Leben ist umsonst.*
- ☐ *Was nichts kostet, taugt auch nichts.*
- ☐ *Das können wir uns nicht leisten.*
- ☐ *Geld und Erfolg verderben den Charakter.*
- ☒ *Ein Indianer kennt keinen Schmerz.*
- ☒ *Jungs weinen nicht.*
- ☐ *Mädchen raufen nicht.*
- ☐ *Bescheidenheit ist eine Zier.*
- ☐ *Das gibt's bei uns nicht.*

- ☒ *So etwas macht man nicht.*
- ☐ *Schuster, bleib bei deinen Leisten.*
- ☐ *Ehrlich währt am längsten.*
- ☒ *Lügen haben kurze Beine.*
- ☐ *Man muss immer gehorchen.*
- ☐ *Sei artig und brav.*
- ☐ *Wer nicht hören will, muss fühlen.*
- ☐ *Warte nur, bis dein Vater nach Hause kommt.*
- ☐ *Hättest du besser auf (...) gehört.*
- ☐ *Liebe muss man sich verdienen.*
- ☐ *Mitleid kriegt man geschenkt, Neid muss man sich erarbeiten.*
- ☐ *Auge um Auge, Zahn um Zahn.*
- ☐ *Besser ein Ende mit Schrecken, als ein Schrecken ohne Ende.*
- ☒ *Pech in der Liebe, Glück im Spiel.*
- ☐ *So wie du aussiehst, findest du nie einen Mann!*
- ☐ *Männer wollen keine intelligenten Frauen.*
- ☒ *Männer wollen sowieso nur das eine.*

Wenn Sie einige der genannten Sätze angekreuzt haben: Wollen Sie Ihr Leben weiter davon beeinflussen lassen? Oder wäre es nicht an der Zeit, einige davon zu revidieren und sie durch eigene Redensarten, Sätze oder Affirmationen zu ersetzen, die inspirierend und unterstützend auf Sie wirken?

Falls Sie weitere Anregungen für Ihre Entdeckungsreise zu den Familiensprüchen suchen, gibt es auch nützliche Sammlungen von Redensarten und Zitaten in Buchform.[17] Auch bei z. B. www.wikiquote.org finden Sie viele interessante Hinweise.

Vielleicht haben Sie ja auch Lust bekommen, Ihrem Forschergeist einmal freien Lauf zu lassen und Ihre Familiensprüche und Sprichwörter aufzudecken. Jede Familie hat ihre eigenen, und ich vermute, ganz frei davon ist keine. Sie werden verblüfft sein darüber, wie häufig solche Redensarten zum Einsatz kommen!

Sven machte sich in Laufe der Zeit einen regelrechten Spaß daraus, seine „umgewandelten" Sprüche und Affirmationen zusammen mit den Originalzitaten zu jeder Coaching-Sitzung mitzubringen. Mir bereitete es Freude, die Veränderung in der Qualität seiner Gedanken zu beobachten, die mit der Umwandlung dieser Sprüche einherging. Auch seine zunehmende Wachsamkeit im Umgang mit der Sprache war beeindruckend. Sven begann tatsächlich, seine Welt mit ganz neuen Augen zu betrachten. Er entwickelte ein Gespür für seine Gedankenwelt und fing an, sich manche seiner Gedanken zu notieren und zu hinterfragen. Nach und nach bekam er so Zugang zu seinem unbewussten Glaubenssystem, und als Folge seines veränderten Denkens veränderte sich zusehends auch seine Sprache.

Die Brücke, die Sven zu seinem unbewussten Glaubenssystem baute, entstand zunächst aus der Beschäftigung mit den Sprachgewohnheiten in seiner Familie. Die anschließende Arbeit an seinen einschränkenden Kernüberzeugungen fiel ihm dadurch um einiges leichter. Er begriff, dass er als Kind die Bedeutung und die Konsequenzen einer Kernüberzeugung bzw. bestimmter Sprüche und Sprichwörter seiner Familie nicht hatte einschätzen können. Als Erwachsener erlebte er nun, dass sie mächtige Filter waren, die seine Wahrnehmung verzerrten und kategorisierten und sich schließlich – halbbewusst – sprachlich in seinen Denkmustern ausdrückten.

Der achtsame Umgang mit der Sprache

Die Sprache ist die Kleidung der Gedanken.

(Samuel Johnson)[18]

Offenbar benötigen nur wenige Menschen eine Lektion in negativem Denken – wir lernen es von ganz allein! Je öfter wir negative Wörter und Aussagen hören und dazu mentale Bilder entstehen lassen, umso stärker beeinflussen sie uns. Da wir wissen, dass zwischen unserem Körper und unserem Geist eine starke Interdependenz (wechselseitig wirkende Abhängigkeit) besteht, ist es von immenser Bedeutung, dass wir lernen, solche negativen Redewendungen nicht zu verinnerlichen. Das gelingt am besten, wenn wir uns überhaupt erst einmal deren Bedeutung bewusst machen.

Die Beispiele unten sind nur einige solcher Redewendungen, die in ihrer Wirkung sehr machtvoll sein können – in der Tat so machtvoll, dass wir tatsächlich körperliche, gesundheitliche, psychische oder materielle Nachteile befürchten müssen, wenn wir sie oft denken oder sie immer wieder aussprechen.

Das macht mich krank.
Seine Art kotzt mich an.
Das geht mir auf die Nerven.
Sie ist ein Nervensäge.
Ich werde verrückt.
Das macht mich wahnsinnig.
Das ist mir ein Dorn im Auge.
Das bereitet mir Kopfschmerzen.
Das hat mir das Herz gebrochen.
Ich habe die Nase voll davon.
Ich bin zu Tode betrübt.
Das lässt mich kalt.
Davon kriege ich Pickel.
Ich dreh gleich durch.
Ich zerbreche mir den Kopf.

Ich bin sauer.
Ich pfeife auf das Geld.
Ich kriege die Krise.
Ich kriege die Motten.
Wer keine Probleme hat, der macht sich welche.
Das ist ein Problem.
Wir haben Probleme.

Die Sensibilisierung für die Sprach-, Gedanken- und Gefühlswelt bei anderen motivierte mich, auch meinen eigenen Sprachgebrauch zu untersuchen. Dadurch waren auch mir selbst Rückschlüsse auf die Qualität meiner Gedanken und Gefühle möglich. In der Folge bemühte ich mich immer mehr, achtsam mit meinen Worten und Gedanken umzugehen. Ich suchte nach Hinweisen auf bewusste und unbewusste Kernüberzeugungen. Dabei ist Erstaunliches zutage getreten. Wenn wir unseren Kernüberzeugungen auf die Spur kommen wollen, lohnt es sich, ganz genau auf unsere Sprache und unsere Gedanken zu achten!

Meine eigene regelmäßige Meditationspraxis hat mir dabei übrigens sehr geholfen. Ich glaube allerdings nicht, dass Sie für unseren Zweck tief in eine Meditationspraxis einsteigen müssen. Die Übungen, die ich in meiner Arbeit einsetze, sind einfach und setzen keine Erfahrung mit Meditation im herkömmlichen Sinne voraus. Dennoch werden sie häufig als sehr unterstützend für den Transformationsprozess empfunden.

Wenn Sie möchten, können Sie die Übungen aus der Toolbox Nr. 2 (Seite 130) einfach einmal ausprobieren und sehen, ob sie auch bei Ihnen hilfreich wirken. Um Missverständnisse zu vermeiden, möchte ich darauf hinweisen, dass es selbstverständlich nicht darum geht, fortwährend im Alltag den eigenen Gedankenstrom zu beobachten oder zu kontrollieren – das wäre ohnehin unmöglich. Es geht darum, sich mit Übungen vertraut zu machen, die das Bewusstsein hierfür schärfen und damit eine Sensibilität zu entwickeln, die sich durch Aufmerksamkeit und Training von selbst immer mehr verfeinern wird.

Es sind aber nicht nur Sprüche und Sprichwörter, die unbewusst in uns wirken. Vielmehr hat alles, womit wir uns täglich und ständig umgeben, einen Einfluss auf unsere Denkweise und unsere inneren Überzeugungen. Das können unsere Lieblingssendungen im Fernsehen sein, die Bücher, die wir gerne lesen, die Lieder und Songs, die wir nicht nur hören, sondern als Ohrwürmer selbst produzieren, die Nachrichten, die wir hören, oder auch die Gespräche, die wir führen.

Der achtsame Umgang mit wertenden Aussagen, Sprichwörtern, Sprüchen und Redewendungen kann mit der Zeit und mit ein wenig Übung zu einer regelmäßigen Art von „geistiger Haushaltung“ werden. Auch die Bestsellerautorin Louise L. Hay spricht in einem ihrer Bücher in diesem Zusammenhang von einem „geistigen Hausputz“ [19]. Bei dieser wichtigen inneren Arbeit habe ich manchmal das Bild einer Mülltrennung vor mir: Ich schaue mir ganz genau an, was ich aus meinem Gedankengut aussortieren möchte. Diese Redewendung, jener Spruch wird „ausgemistet“: Ich trenne sie mit einer klaren geistigen Absicht von meinem Bewusstsein.

Fassen wir also den gesamten Prozess und das, was wir bisher gesagt haben, noch einmal zusammen:

> Sabotierende Glaubenssätze und Überzeugungen können durch wertende Aussagen, Sprichwörter, Sprüche und Familienmottos entstehen. Daneben können sie aber auch mit anderen Faktoren in Zusammenhang stehen und beispielsweise durch (innere) Bilder, Vorstellungen, die „Spielregeln“ in der Herkunftsfamilie, durch Religion, die Medien usw. entstehen.

Achtsam mit solchen Sprichwörtern und Sprüchen umzugehen bedeutet:

- Ich erkenne, dass sich hinter meinen häufig verwendeten Sprichwörtern sabotierende Überzeugungen verbergen können.
- Ich entwickle eine allgemeine Bewusstheit für deren Existenz.
- Ich forsche nach, ob und welche Sprichwörter ich in mir trage.
- Ich erkenne, dass sie wie ein verbaler oder gedanklicher Kompass wirken, der mich in eine bestimmte (ungewollte) Richtung führt.

- Ich finde kreative Wege, mich mit ihnen auseinanderzusetzen, um sie aus dem Verborgenen zu holen und sie zu würdigen, da sie früher einmal nützlich waren.
- Ich entscheide selbst, welche dieser Sprüche ich behalten möchte und von welchen ich mich trennen will.
- Ich lasse sie sodann liebevoll los und transformiere sie.

Reden Sie sich arm?

Haben Sie Lust auf ein Quiz? Randy Gage, ein Motivationstrainer aus den USA, hat ein „Wohlstands-Quiz" („Prosperity Quiz") entwickelt, um herauszufinden, inwiefern seine Klienten mit sabotierenden Überzeugungen zum Thema Wohlstand und Erfolg zu kämpfen haben. Er ist damit einverstanden, dass ich diese Fragen für Sie übersetzt habe und hier veröffentliche.

---

1. Haben Sie insgeheim Angst, dass Ihre Familie oder Freunde Sie nicht mehr mögen könnten, wenn Sie plötzlich reich wären? ☐ Ja ☒ Nein
2. Haben Ihre Eltern zu Hause früher so etwas gesagt wie: „Wir sind nicht reich, aber anständig!"? ☐ Ja ☒ Nein
3. Wurden Sie im religiösen Glauben erzogen, dass es edel ist, in diesem Leben Opfer zu bringen und dass Sie die Belohnung dafür nach Ihrem Tode erhalten werden? ☐ Ja ☒ Nein
4. Hatten Sie Schuldgefühle, als Sie begannen, mehr Geld als Ihre Eltern zu verdienen? ☐ Ja ☒ Nein
5. Hat man Ihnen beigebracht, dass es besser ist, sich anzupassen und auf keinen Fall etwas zu tun, womit man auffällt? ☐ Ja ☒ Nein
6. Waren Sie schon einmal eifersüchtig oder neidisch auf Menschen mit teuren Kleidern, teuren Autos und großen Häusern? Haben Sie möglicherweise eine „Ich-mag-keine-Reichen"-Mentalität entwickelt? ☐ Ja ☒ Nein
7. Haben Sie als Kind oder Jugendliche(r) häufig Fernsehsendungen gesehen, in denen Menschen mit viel Geld als listig, skrupellos oder dumm dargestellt wurden? (z. B. „Dallas", „Denver-Clan") ☐ Ja ☒ Nein
8. Glauben Sie, dass es irgendwie edel, romantisch oder spirituell ist, arm zu sein? ☐ Ja ☒ Nein
9. Benutzen Sie manchmal Aussagen wie „arm wie eine Kirchenmaus" oder „stinkreich" oder Sprüche wie „Der dümmste Bauer hat die dicksten Kartoffeln."? ☒ Ja ☐ Nein

10. Kommentieren Sie Ihren eigenen Misserfolg mit Aussagen wie „Man muss erst einmal Geld haben, um welches zu bekommen.", „Mann muss nur die richtigen Leute kennen.", „Ohne Beziehungen läuft eben nichts." oder „Man muss halt ganz oben einsteigen."? ☐ Ja ☒ Nein

11. Gefällt es Ihnen, der „Außenseiter" zu sein, der „allein gegen den Rest der Welt kämpft"? ☒ Ja ☐ Nein

12. Erlangen Sie mehr Mitgefühl und Aufmerksamkeit von Ihnen nahe stehenden Menschen, wenn Sie krank sind, finanzielle Probleme oder geschäftliche Misserfolge haben, als wenn es Ihnen „gut" geht? ☐ Ja ☒ Nein

13. Haben Sie eine feste Beziehung, eine gute Gesundheit und genügend Geld, um alle Ihre Bedürfnisse zu decken – und trotzdem das Gefühl, dass das Leben an Ihnen vorbeizieht? ☐ Ja ☒ Nein

Anzahl: 2 Ja 11 Nein

Auswertung: Zählen Sie Ihre „Ja"-Kreuzchen.

1 – 2: Sie besitzen Sie ein starkes Wohlstandsbewusstsein und haben vermutlich keine limitierenden Überzeugungen zum Thema Geld oder Reichtum.

3 – 4: Vermutlich haben Sie limitierende Überzeugungen, die mit Ihrem Selbstwertgefühl zu tun haben, und vermutlich haben Sie Angst, Ihre Komfortzone zu verlassen. Sie sind zwar nicht unglücklich, aber Ihnen fehlt ein wenig Leidenschaft und Aufregung in Ihrem Leben. Sie wissen, dass irgendetwas fehlt, aber nicht genau, was.

5 – 6: Sie gehen zwar kleine Schritte in Richtung Wohlstand, machen dann aber wieder einige Schritte zurück, so dass ein Durchbruch zum großen Erfolg, den Sie anstreben und auch verdienen, nicht gelingen kann.

Mehr als 7: Sie werden von Ihren sabotierenden Überzeugungen stark gebremst. Möglicherweise brauchen Sie professionelle Hilfe, um diese unbewussten Überzeugungen zu entdecken und zu transformieren.

Wie ist es Ihnen bei diesem Quiz ergangen? Haben Sie sich in den Fragen irgendwo wiedergefunden? Wie ist Ihre Einstellung zu Geld und Erfolg und welches „Erbe" an Gedanken dazu tragen Sie in sich?

Wenn Sie in Ihrer Familie früher beispielsweise oft gehört haben oder immer noch hören, dass „Geld schmutzig“ ist „ oder „den Charakter verdirbt“, ist es sehr wahrscheinlich, dass Ihre Beziehung zu Geld schwierig ist. Dabei ist es sehr gut möglich, dass Sie auf der bewussten Ebene eine sehr positive Beziehung zu Geld oder zum Geldverdienen haben (oder haben möchten) und sich Reichtum und Wohlstand wünschen. Auf der unbewussten Ebene jedoch läuft ein ganz anderes Programm ab. Seit Ihrer Kindheit glauben Sie der familiären „Wahrheit“ über Geld. Unbewusst herrscht in Ihnen der Glaube, dass Geld zu haben für einen selbst (und für andere) auf irgendeine Art und Weise nicht richtig, nicht gut oder nicht gesund ist. Und dieses unbewusste „Programm“ beeinflusst Ihre Lebensrealität und steht einem wirklich entspannten Verhältnis zu Reichtum und Wohlstand im Wege. Ihre Kernüberzeugung (z. B. „Es ist nicht gut, reich zu sein“ oder „Ich darf nicht reich sein“) wird Ihnen allerhand Steine in den Weg legen oder dafür sorgen, dass Sie sich – obwohl Sie vielleicht sogar Geld und Erfolg haben oder beides bewusst anstreben – alles andere als wohl fühlen.

Wir kommen mit einer Fülle von Überzeugungen aus unseren Ursprungsfamilien und bringen die Meinungen und Erfahrungen unserer Bezugspersonen in fast alle Aspekte unseres Lebens (und in die ganz konkreten, täglichen Lebenssituationen) mit hinein. Was ich hier exemplarisch anhand des Themas Geld und Erfolg dargestellt habe, gilt für alle Lebensbereiche.

Erfreulicherweise können wir uns mit diesen inneren Saboteuren gut auseinandersetzen. Allein Ihre Bereitschaft anzuerkennen, dass es so etwas in Ihrem Leben geben könnte, eröffnet neue Wege und Perspektiven. Die HELP-Übung (Toolbox Nr. 6, Seite 163) wirkt sehr unterstützend, wenn Sie eine sabotierende Kernüberzeugung zum Thema Geld transformieren möchten.

Befreien Sie Ihr volles Potenzial

So kommen Sie Ihren mentalen Saboteuren auf die Spur

Ich kann die Welt nicht verändern, aber einen einzelnen Menschen, mich selber.

(Karlheinz Böhm)[20]

Weiter vorne haben Sie eine ganze Reihe von Sprichwörtern, Redensarten und Sprüchen gelesen, die der Samen für sabotierende Überzeugungen sein können, und auch, auf welche Art und Weise diese immer wieder neu sprießen können. Wie könnten nun bei Ihnen selbst solche Überzeugungen aussehen? Damit Sie Ihre ganz persönlichen Überzeugungen im Folgenden leichter identifizieren können, habe ich hier für Sie einige zusammengetragen.

Was Sie – bewusst oder unbewusst – über sich glauben oder im tiefsten Innern über sich denken könnten:

Zweifel an Ihrem Selbstwert in der Liebe, in Ihren Beziehungen

Ich bin nicht liebenswert.
Ich bin minderwertig.
Ich bin das nicht wert.
Alle nutzen mich aus.
Ich bin nicht gut genug.
Ich finde nie die/den Richtige(n).
Ich bin nicht beziehungsfähig.
Ich werde verlassen werden.
Ich habe sie/ihn nicht verdient.
Ich bin fad und langweilig.
Ich bin nichts Besonderes.
Ich bin unwichtig.
Ich bin unwürdig.
Ich bin unzumutbar.

Zweifel daran, dass Sie in Sicherheit sind und unversehrt bleiben

(oder Zweifel daran, dass sich Dinge verändern lassen und dass Veränderungen gut sind)

Wenn ich etwas verändere, könnte es für mich gefährlich werden.
So etwas habe ich noch nie gemacht.
Ich kann das nicht.
Ich habe Angst.
Ich habe Angst, das zu tun.
Ich bringe mich in Gefahr.
Ich bin hilflos.
Ich bin gefährdet und angreifbar.
Ich bin unsicher.

Zweifel an Ihren Fähigkeiten, Ihrer Kompetenz, Ihrem Erfolg

Ich komme bei anderen nicht an.
Ich verstehe alles falsch.
Ich bin bedeutungslos.
Ich bin nicht gut genug.
Ich kann das nicht.
Ich bin dumm.
Ich bin blöd.
Ich bin wertlos.
Ich weiß nicht, was ich will.
Ich bin nichts.
Ich weiß nicht, wie.
Ich weiß nichts.
Ich weiß es nicht.
Ich bin nicht so gut wie die anderen.
Ich kann mich nicht motivieren.
Ich bin erfolglos.
Ich bin ein Versager.
Nichts mache ich richtig.
Ich mache immer alles falsch.

Zweifel an Ihrer Zugehörigkeit und an Ihren Rechten

Ich muss Rücksicht auf meine Familie nehmen.
Das kann ich meinen Kollegen nicht antun.
Das darf ich meinen Freunden nicht zumuten.
Ich bin egoistisch.
Ich bin anders.
Ich bin nicht willkommen.
Ich muss meine Bedürfnisse hintanstellen.
Alle sind gegen mich.
Ich bin hier fehl am Platz.
Ich passe nirgendwo hin.
Ich gehöre hier nicht hin.
Ich gehöre nirgendwo hin.
Ich habe nichts zu bieten.
Ich existiere nicht.
Ich bin unsichtbar.
Ich bin allein.
Ich bin nichts.
Ich sollte gar nicht hier sein.
Ich bin ein Nichts.
Ich werde übergangen.
Ich bin unwichtig.

Zweifel an Ihrer Handlungsfähigkeit

Ich bin machtlos.
Ich bin ohnmächtig.
Ich kann nichts tun.
Ich bin hilflos.
Ich bin ein Opfer.
Ich bin schwach.
Ich habe keine Wahl.
Ich bin immer die/der Letzte.
Ich bin nie die/der Erste.
Ich kann mich nicht verteidigen.
Ich bin ein Verlierer.
Ich kann nicht „Nein“ sagen.

Zweifel an Ihrem Selbstwert als Mensch

Ich bin schlecht.
Ich bin minderwertig.
Ich bin „defekt".
Irgendetwas an mir ist falsch.
Ich bin fehlerhaft.
Ich bin gestört.
Ich bin unbrauchbar.
Ich bin naiv.
Ich bin daran schuld.
Ich bin schuldig.
Ich bin langsam.
Ich kann nicht ich selbst sein.
Ich darf mich nicht zeigen.
Ich bin nutzlos.
Ich bin fett.
Ich bin hässlich.
Ich bin linkisch.

Eine gute Möglichkeit, sabotierenden Kernüberzeugungen auf die Spur zu kommen, ist die folgende: Fragen Sie sich, welches Kompliment in Ihnen in der Regel am meisten Unbehagen auslöst. Sie werden relativ schnell Hinweise für negative Glaubenssätze und Kernüberzeugungen entdecken, wenn Sie sich fragen, warum ein bestimmtes Kompliment bei Ihnen ständig auf Widerstand stößt.

Wenn Sie von sich glauben, dass niemand Ihre Ideen ernst nimmt, diese also nichts wert sein können („Niemand nimmt mich ernst, meine Ideen taugen also nichts"), werden Sie jede Situation als Beweis registrieren und speichern, in denen Menschen Ihren Rat oder Ihre Ideen ignorieren. Und Sie werden sich vermutlich verletzt fühlen. Umgekehrt wird es sich, wenn Sie ein Kompliment für eine Ihrer Ideen bekommen (und es überhaupt wahrnehmen), vermutlich „unecht" und unangenehm anfühlen. Sie werden vielleicht versuchen, das Kompliment zu schmälern, oder Sie denken insgeheim "Was will der eigentlich von mir?" Sie vermuten vielleicht eine unehrliche Schmeichelei, eine Manipulation oder eine Taktik Ihres Gegenübers hinter dem Kompliment – weil Sie die Aussage nicht als wahr annehmen können. Sie übersehen oder überhören die Wahrheit (das Kompliment), weil Sie ständig damit beschäftigt sind, mit Ihrer inneren Überzeugung zurechtzukommen, dass Ihre Ideen sowieso nichts taugen.

Ein ehrlich gemeintes Kompliment – wie im obigen Beispiel – verbindet uns mit dem Glaubenssatz „Keiner nimmt meine Ideen ernst". Das unbewusste, sich automatisch wiederholende Muster tritt sofort ein, und wir haben nicht mehr die Freiheit, adäquat auf das Kompliment zu antworten.

Erschwerend kommt hinzu, dass unsere negativen Glaubenssätze und Kernüberzeugungen dafür sorgen, dass wir unbewusst gerade solche Menschen und Situationen anziehen, deren Verhalten mit diesen Kernüberzeugungen „mitschwingt". Dadurch bekommen wir immer wieder die Bestätigung, dass wir in dem, was wir über uns und die Welt glauben, doch „Recht haben".

Je tiefer ein Glaubenssatz oder eine Kernüberzeugung sich verfestigt hat, umso schwieriger wird es, diese zu hinterfragen oder zu verändern. Wir können Glaubenssätzen und Kernüberzeugungen nicht mit logischen Argumenten begegnen, ganz im Gegenteil. Kernüberzeugungen resultieren fast ausschließlich aus nicht-analytischen Gedankenabläufen.

Die gute Nachricht ist jedoch, dass der Transformationsprozess immer leichter wird von dem Moment an, wo wir beginnen, die Natur der sabotierenden Kernüberzeugungen zu verstehen und eine Bewusstheit für ihre Wirkungsweise zu entwickeln.

Tatsächlich verstehen wir uns selbst immer besser. Je mehr jedoch unser Ich-Bewusstsein zunimmt, desto mehr kehren wir auch zu unserer ursprünglichen Kraft zurück. Es ist also gerade das Ich-Bewusstsein und nicht das rationale Denken, was uns am meisten Unterstützung gibt, wenn wir tief liegende Überzeugungen transformieren wollen.

Warum ist es gut, Zeit in diesen Prozess zu investieren? Ganz einfach: Unsere Glaubenssätze und sabotierenden Kernüberzeugungen sind etwas, das in uns verankert ist. Die äußeren Ereignisse verursachen sie nicht, sondern wirken nur als Auslöser für bestimmte Reaktionsweisen, die ebenfalls fest in uns gespeichert sind. Dass dies so ist, hat einen enormen Vorteil: Wir können selbst etwas daran ändern. Dies ist ein weiterer Streich, den uns sabotierende Kernüberzeugungen manchmal spielen: Das Problem scheint außerhalb von uns zu liegen anstatt in uns. Indem wir lernen, dass wir – und nur wir – eine Veränderung bewirken können, beschreiten wir den Weg zur Selbstbestimmung erfolgreich ein. Wir übernehmen selbst die Verantwortung für unser Lebensglück.

Wie Sie Ihre Energie in die richtigen Bahnen lenken

Einer der interessantesten Aspekte der Energetischen Psychologie ist, dass Sie, um ein Problem lösen zu können, nicht zu verstehen brauchen, warum Sie es haben.[21]

(Fred P. Gallo)

Können wir unser Gehirn, unseren Geist im Erwachsenenalter stark verändern, gar transformieren? Praktizierende Buddhisten bejahen diese Frage seit langem. „Ein grundlegendes buddhistisches Prinzip besagt, dass der menschliche Geist ein ungeheures Potenzial zur Transformation hat. Im Gegensatz dazu war die Wissenschaft bis vor kurzem noch der Meinung, dass der Geist seinen Sitz und Ursprung im Gehirn hat, das seine Struktur in der frühen Kindheit erhält und sich hinterher nur noch wenig verändert. Praktizierende Buddhisten, die damit vertraut sind, wie der Geist funktioniert, wissen schon seit langem, dass er durch Training transformiert werden kann.", schreibt der Dalai Lama im Vorwort des Buches „Neue Gedanken, neues Gehirn" von Sharon Begley[22]. Aktuelle wissenschaftliche Untersuchungen in Europa und den USA über die Neuroplastizität haben ebenfalls gezeigt, dass das Gehirn durch geistiges Training verändert werden kann. Heute weiß man, dass die Struktur des Gehirns, die sich in der frühen Kindheit herausbildet, ein starkes Veränderungspotenzial besitzt, das auch im Erwachsenendasein weiter vorhanden ist. Daraus ergibt sich eine erfreuliche Schlussfolgerung: Wir können negative Prägungen des Gehirns auch wieder entfernen.

Zur Transformation solcher Prägungen im Gehirn in Form von selbstsabotierenden Gedanken wende ich Dr. Gallos Energetische Diagnose- und Behandlungsmethoden an.

Die Arbeit mit energetischen Methoden können Sie sich ungefähr so vorstellen:

Nehmen wir einmal an, Ihre sabotierende Überzeugung lautet: *„Ich bin nicht liebenswert"* und Ihr Glaubenssatz: *„Mein Freund wird mich bestimmt verlassen"*.

Im nächsten Schritt finden Sie eine für Sie stimmige, glaubhafte und positive Affirmation für den gewünschten Zielzustand. Ihre Affirmation könnte in diesem Fall beispielsweise lauten: *„Ich bin liebenswert und führe eine stabile, vertrauensvolle Beziehung."*

Als Nächstes korrigieren Sie möglicherweise vorhandene psychische Umkehrungen, indem Sie Ihre Handkante ein paar mal klopfen oder Ihren „Wunden Punkt" an der Brust sanft massieren und bestimmte „Korrektur"-Affirmationen laut sprechen:

> *Ich akzeptiere mich von ganzem Herzen, auch wenn ich … [dieses Problem] habe.*
>
> *Ich akzeptiere mich, auch wenn ich Angst vor … habe.*
>
> *Ich akzeptiere mich mit allen meinen Problemen und Begrenztheiten.*
>
> *Ich akzeptiere mich voll und ganz, auch wenn ich … [dieses Problem] niemals vollständig überwinde.*

Nachdem Sie Ihre Umkehrungen durch Klopfen der Handkante oder des Wunden Punkts korrigiert haben, können Sie Ihre sabotierende Überzeugung mit der NAEM-Technik auflösen. Anschließend verankern Sie Ihre positive Zielformulierung, indem Sie die vier Akupunkturpunkte (Stirn, unter der Nase, unter der Lippe und Brust) klopfen und dabei Ihre Affirmation *„Ich bin liebenswert und ich führe eine stabile, vertrauensvolle Beziehung"* mehrmals wiederholen.

Sie werden vielleicht erleben, dass die „Korrektur"-Affirmationen Sie sehr entlasten. Ihre Probleme und Ihre damit verbundenen Gefühle werden gewürdigt und Sie werden von dem Druck befreit, „gut funktionieren" oder „alles richtig machen" zu müssen. So transformiert sich Ihre Selbstsabotage allmählich in Selbstakzeptanz. Ihr Vertrauen in Ihre eigenen Fähigkeiten wächst – denn Sie haben die Selbstsabotage am eigenen Körper selbst aufgelöst.

Wundern Sie sich nicht: Die Transformation kann wirklich schneller geschehen, als Sie jemals dachten.

> *Dorothee war zu mir gekommen, weil sie zunehmend Ängste und Schamgefühle bei öffentlichen Auftritten und Ansprachen im Unternehmen entwickelte. In der Vergangenheit hatte es ihr zwar nie so recht*

gefallen, Reden zu halten, aber immerhin war es ihr gelungen, ihre Nervosität und ihr Lampenfieber ganz gut in Schach halten. Nach dem Wechsel in ein neues Unternehmen litt sie plötzlich vor jeder Rede oder Präsentation unter Herzrasen, wurde rot im Gesicht und erlebte ein unerklärliches Gefühl der Scham.

Ich machte mit ihr zu Anfang der Sitzung eine Atem- und Entspannungsübung und fragte sie, ob ihr intuitiv irgendetwas zu ihrem Herzrasen und der Schamröte einfallen würde. Während der Übung öffnete sie plötzlich die Augen und sagte:

„Mein Gott, ich sehe mich als kleines Mädchen in der Schule: Ich wurde ausgeschimpft, weil ich dazwischengeredet und einen Stoß Bücher umgestoßen hatte. Ich musste eine Stunde lang in der Ecke sitzen und meinen Mund mit den Händen verschlossen halten. Ich war 7 oder 8 Jahre alt; alle haben gelacht; das war so schlimm für mich. Ich habe mich dauernd gefragt, warum ich so hart bestraft wurde. Ich erinnere mich ganz genau an das, was die Lehrerin zu mir sagte: ‚Du hast nichts zu sagen. Und wenn du etwas sagst, kommt sowieso nur Blödsinn raus.'“

Dieses Ereignis hatte Dorothee als Kind sehr verletzt. Es hat sie regelrecht sprachlos gemacht. Sie hatte die Aussage der Lehrerin sehr ernst genommen, konnte das Gesagte nicht verarbeiten und formte daraus die für sie sabotierende Kernüberzeugung „Ich bin nicht wertvoll, ich kann nichts beitragen“, die sich in Ängsten und Befürchtungen zeigte wie: „Wenn ich mich in der Gruppe äußere, passiert etwas Schlimmes“ oder „Wenn ich spontan bin, widerfährt mir eine Ungerechtigkeit“.

Die energetische Ladung, die an diese Erinnerung gekoppelt war, konnte durch Auflösung der psychischen Umkehrung und Meridianpunktklopfen freigesetzt werden. Dorothee behielt zwar die Erinnerung an das Ereignis, diese belastete sie jetzt aber nicht mehr. „Es ist alles so weit weg, so lange her“, sagte sie am Ende der Sitzung.

Vier Wochen später rief Dorothee mich voller Freude an. Gerade habe sie eine Rede vor ihrer Geschäftsleitung gehalten – ohne rot zu werden, ohne übermäßiges Herzklopfen. Ihre Rede war ausgesprochen gut angekommen.

„Du hast nichts zu melden“ (Vater) ?

Nach drei Monaten berichtete sie, dass sie mittlerweile sogar Spaß an größeren Auftritten entwickle, sie fühle sich nun ganz und gar frei!

Die Methoden der Energetischen Psychologie wirken auch sehr erfolgreich, wenn sie in Gruppen angewendet werden, wie die folgende Geschichte zeigt, die mir eine Hauptschullehrerin erzählt hat.

Sie hat seinerzeit mit mir zusammen die Ausbildung bei Dr. Gallo absolviert und ist an einer Hauptschule in einer deutschen Großstadt tätig. Hier kommen Kinder aus den unterschiedlichsten Kulturen und Familienstrukturen zusammen. Die Schule liegt mitten im sozialen Brennpunkt, und viele Kinder sind verhaltensauffällig oder zeigen sich sogar aggressiv. Das Unterrichten empfand die Lehrerin als anstrengend und schwierig. Den Kindern fiel es äußerst schwer, sich zu konzentrieren, sich ruhig zu verhalten oder überhaupt am Unterrichtsgeschehen teilzunehmen.

Nach der Ausbildung bei Dr. Gallo entschied sich die Lehrerin zu einem Experiment mit den Kindern. Bevor sie morgens mit dem Unterricht begann, bat sie die Kinder, mit ihr die NAEM-Technik auszuprobieren. Die Kinder schauten alle zu, während sie sanft die vier Behandlungspunkte bei sich selbst klopfte. Manche Kinder machten sofort mit, andere waren etwas zögerlich. Nach etwa einer Woche – sie begann jeden Morgen den Unterricht mit einer NAEM-Übung – machten ausnahmslos alle Kinder mit. Nach etwa drei Wochen konsequenten, täglichen Klopfens mit den Kindern wurde die Lehrerin eines Morgens überrascht. Sie betrat ihr Klassenzimmer – und es herrschte absolute Stille. Alle Kinder saßen ruhig auf ihren Plätzen und klopften vor sich hin. Sie setzte sich hin, klopfte mit den Kindern und nach etwa 10 Minuten begann sie mit dem Unterricht. Sie erzählte mir, dass das Unterrichten in der Klasse seit Einführung der NAEM-Übungen „ein Unterschied wie Tag und Nacht" war.

Dadurch, dass die Kinder sich viel besser konzentrieren konnten und auch ruhiger waren, konnten sie den Lernstoff leichter und schneller aufnehmen und begannen sichtlich, mehr Freude am Unterricht zu entwickeln. Seitdem beginnt in dieser Klasse – und nicht nur in dieser – kein Unterricht mehr ohne das Klopfen!

Identifizieren Sie, was Sie bremst

Das Training der Selbstliebe beginnt in Ihrem Kopf.

(Wayne W. Dyer)[23]

Die Übungen und Techniken, die ich Ihnen in diesem Buch beschreibe und vorstelle, ermöglichen es Ihnen, auch ohne ein Coaching Ihre mentale Selbstsabotage aufzudecken und zu transformieren. Um Ihnen diese innere Arbeit zu erleichtern, finden Sie ab Seite 95 einige Arbeitsblätter (auch blanko als Kopiervorlagen), genaue Übungsanleitungen und sieben geführte Entspannungs- und meditative Übungen, so dass Sie sich voll und ganz auf Ihren inneren Prozess einlassen können.

Das Aufdecken der eigenen sabotierenden Kernüberzeugungen ist eine Detektivarbeit. Es gibt zahlreiche Hinweise und Anhaltspunkte, hier und dort eine Spur – ohne die richtigen Fragen und Rückschlüsse finden wir den Täter aber nicht. Wir tappen weiter im Dunkeln und drehen uns im Kreis. Da unser innerer Saboteur – wie wir bereits wissen – sich im Unterbewusstsein versteckt hält, hilft uns nur ein sensibler Dialog mit dem Unbewussten, ihn zu entlarven.

Eine Erkenntnis aus der Psycho-Kinesiologie hilft uns, diesen Dialog erfolgreich zu führen: Unser Unterbewusstsein verhält sich ähnlich wie ein vierjähriges Kind. Stellen Sie sich also darauf ein, dass Sie einem „Wesen" begegnen, das trotzig ist, misstrauisch, immer wieder schmollt und lügt – kurz, das alle Tricks anwendet, um dem Dialog mit Ihnen zu entgehen. Andererseits lässt es sich auch locken wie ein kleines Kind: Wenn Sie ihm zeigen, dass sie es gern haben, ihm zustimmen, mit ihm lachen, Witze machen, dann wird es sich auch Ihnen zuwenden. Machen Sie sich bewusst, wie abhängig von Zuwendung und Versorgung durch seine Umwelt ein Vierjähriges ist, wie schwach und klein (gegenüber Erwachsenen und älteren Geschwistern), wie verletzlich. Und ganz besonders: Dieses kleine Wesen in Ihrem Unterbewusstsein fühlt sich „irgendwie nicht richtig".

Der beste Ort für Ihren Dialog ist ein Ort, der Geborgenheit vermittelt, wo Sie geschützt sind und nicht unverhofft gestört werden können. Und bringen Sie Achtsamkeit und Geduld mit, um Ihr „Vierjähriges" nicht ungewollt zu verschrecken.

Je entspannter Sie sind, umso erfolgreicher wird die Begegnung mit Ihrem Unterbewusstsein sein. Machen Sie vorher und zwischendurch eine der Entspannungs- oder Atem- und Meditationsübungen, wenn Sie merken, dass Sie nicht mehr locker sind. Wenn Sie mit den Fragebögen arbeiten, kann es sinnvoll sein, die Fragen und Antworten nach jedem Schritt eine Weile liegen zu lassen. Lassen Sie das Ganze einfach selbst wirken.

Bevor Sie mit Ihrem inneren Dialog beginnen, setzen Sie eine **positive Absicht.** Diese könnte in etwa so lauten:

Heute bekomme ich Antworten auf meine Fragen.

Heute bekomme ich Antworten auf wichtige Fragen.

Sieben Schritte führen Sie zur Identifizierung Ihrer sabotierenden Kernüberzeugungen:*

1. Erkennen, welcher **Auslöser** eine sabotierende Kernüberzeugung aktiviert.

2. Wahrnehmen, was Sie direkt danach **denken** oder sich vorstellen.

3. Wahrnehmen, was Sie dann **fühlen.**

4. Wahrnehmen, wie Sie daraufhin **„automatisch" reagieren.**

5. Verstehen, wie Ihre automatischen **Reaktionsmuster** ablaufen.

* Der nachfolgende Prozess zur Identifizierung von Kernüberzeugungen geht auf das unveröffentlichte Werk von Nikki Nemerouf und anderen zurück und wird von John Bligh Nutting über den australischen Verlag Growing Awareness Pty. Ltd. publiziert. Das Copyright der australischen Version liegt bei John Bligh Nutting, der mir die freundliche Genehmigung gab, seine Arbeitsblätter ins Deutsche zu übertragen und zu adaptieren. Weitere Informationen finden Sie unter www.core-beliefs-balance.com.

6. Erkennen, worin das sabotierende **Thema** besteht.

7. Die **sabotierende Überzeugung benennen.**

1. Die Auslöser erkennen
In diesem Schritt untersuchen Sie, welche Situationen es sind, die immer wieder zu automatischen Reaktionen bei Ihnen führen. Auslöser sind wie Streichhölzer, die in uns sofort bestimmte (unangenehme) Gefühle entzünden und meist starke und automatische Reaktionen oder auch Überreaktionen aufflammen lassen. Wenn Sie Ihren Auslösern bewusst begegnen, sie kennen lernen und sich mit ihnen auseinandersetzen, ist es entscheidend, dass Sie auch die tiefen Verletzungen wahrnehmen, die einst dazu geführt haben, dass sich eine Kernüberzeugung in Ihnen etabliert hat. Es hat seinen Grund, warum bei Ihnen heute noch immer regelrecht die „Alarmglocken" schrillen, sobald Sie diesem Auslöser begegnen. Würdigen Sie alle Ihre Gefühle und Reaktionsmuster – und lassen Sie den Schmerz zu, der möglicherweise damit verbunden ist. Erst dann können Sie sie allmählich loslassen.

2. Wahrnehmen, was Sie denken oder sich vorstellen, wenn Ihre Auslöser aktiviert worden sind
Unsere Gedanken sind wie ein heißer Draht zu unseren gewohnheitsmäßigen Standardreaktionen. Wenn ein Auslöser aktiviert ist, haben wir stets ganz bestimmte Gedanken und Vorstellungen. Es kommt darauf an, diese so exakt wie möglich zu identifizieren.

3. Wahrnehmen, was Sie fühlen, wenn Ihre Auslöser aktiviert worden sind
Unsere Gefühle sind der zweite heiße Draht zu unseren Reaktionsmustern. Dies können wir nutzen, um Auslöser-Situationen im Alltag schneller zu erkennen und bewusster mit diesen Situationen umzugehen.

4. Wahrnehmen, wie Sie „automatisch" auf einen Auslöser reagieren
Wie laufen Ihre automatischen Reaktionen im Einzelnen ab? Was machen Sie – automatisch, sofort, wie „ferngesteuert"? Je genauer Sie das beschreiben können, umso hilfreicher ist dies für das weitere Vorgehen.

5. Verstehen, welches Ihre automatischen Reaktionsmuster sind

Wie sehen Ihre Reaktionsmuster aus: Zeigen Sie Ihre Wut? Oder argumentieren Sie? Oder lehnen Sie den anderen ab? Geben Sie innerlich auf – resignieren Sie? Oder wollen Sie den bzw. die anderen verstehen? Wollen Sie Harmonie – auch wenn Sie dafür klein beigeben müssen? Tun Sie so, als ob alles „in Ordnung" wäre?

Vielleicht haben Sie auch mehrere automatische Reaktionsmuster, die sich je nach Situation oder auch je nach Kernüberzeugung unterscheiden oder sogar widersprechen können. Auf ein und denselben Auslöser reagieren wir allerdings jedes Mal gleich oder sehr ähnlich, wenn wir uns verletzt fühlen.

Diese automatische Reaktion dient übrigens unserem Selbstschutz: Sie hilft uns für kurze Zeit, den Schmerz zu lindern, der durch die Vorstellung, nicht liebenswert oder nicht wertvoll oder nicht gut genug zu sein, hervorgerufen wird. Aber diese Linderung ist nur von kurzer Dauer.

Deshalb geht das Betrachten unserer automatischen Reaktionsmuster damit einher, dass wir auch die Gefühle von Schmerz, Trauer, Verletzlichkeit usw. noch einmal erleben. Schließlich war es die ureigenste Aufgabe dieser automatischen Reaktionen, diese Gefühle eben gerade nicht spüren zu müssen.

6. Erkennen, worin das sabotierende Thema besteht

Nachdem Sie den verletzenden Auslöser nicht nur betrachtet, sondern auch den damit verbundenen Schmerz noch einmal erlebt und gewürdigt haben, kristallisiert sich das übergeordnete, sabotierende Thema heraus, das hinter all den automatischen Reaktionsweisen steckt. Sie bringen die Reaktionsmuster auf einen gemeinsamen Nenner.

7. Die sabotierende Kernüberzeugung benennen

Haben Sie das sabotierende Thema erst einmal erkannt, wird es Ihnen leicht fallen, die sabotierende Kernüberzeugung in ihrem Wortlaut zu identifizieren und zu formulieren.

Die sieben Schritte zur Identifizierung Ihrer sabotierenden Kernüberzeugungen (Musterblatt)

1. Wenn ich mit meinen persönlichen Auslösern konfrontiert werde …	**2. … dann denke ich/stelle ich mir vor, …**
Hier formulieren Sie in einem Satz den Kommentar von anderen, das spezifische Ereignis, die Situation, das Geräusch, den bestimmten Tonfall, die Art von Berührung, das Musikstück oder den Geruch, der in der Lage ist, eine Überreaktion bei Ihnen auszulösen. Beispiele:	In dieser Spalte führen Sie den Gedanken aus Spalte 1 fort: Sie beschreiben hier, wie Sie innerlich reagieren, z. B., was Sie über sich denken oder sagen, was Sie über den anderen denken oder was Sie glauben, was jetzt gleich passiert. Beispiele:
Wenn mein Chef zu mir sagt, dass ich schon wieder zu spät bin, …	*… stelle ich mir vor, dass er gleich anfängt zu schreien.*
Wenn meine Schwester mein Outfit kritisiert, …	*… denke ich, dass ich mich auch vor anderen damit blamiere.*
Wenn meine Kollegin mich in der Kantine ignoriert, …	*… glaube ich, dass sie mich bestimmt nicht mag.*
Wenn mein Partner mir ein Kompliment macht, …	*… denke ich mir sofort, dass er irgendetwas von mir will.*
Wenn mein Bruder sagt, dass ich schon wieder nichts verstehe, …	*… sage ich mir, dass er Recht hat.*
Immer wenn ich ein bestimmtes Rasierwasser rieche, …	*… muss ich an meinen Ex-Freund denken.*
Jedes Mal, wenn ich dieses Lied höre, …	*… muss ich weinen.*

3. …dann fühle ich mich …	4. … und reagiere nach außen so:
In dieser Spalte beschreiben Sie, wie Sie sich fühlen. Beispiele:	Hier beschreiben Sie kurz, was Sie tatsächlich in der gegebenen Situation tun oder wie Sie sich nach außen zeigen. Beispiele:
… *ängstlich und klein.*	*Ich verfalle sofort in Schweigen und sage kein einziges Wort mehr.*
… *minderwertig und wertlos.*	*Ich ziehe etwas anderes an.*
… *ausgeschlossen und allein.*	*Ich tue so, als hätte ich sie auch nicht gesehen.*
… *hilflos.*	*Ich lächle und mache einen Witz daraus.*
… *dumm und unfähig.*	*Ich beschimpfe ihn auch, damit er weggeht.*
… *wütend.*	*Ich rauche eine Zigarette oder esse eine Tafel Schokolade.*
… *traurig.*	*Ich lenke mich ab und versuche positiv zu denken.*

5. Welche dieser typischen Reaktionsmuster laufen bei Ihnen am häufigsten ab?

Viele Menschen haben mehr als ein automatisches Reaktionsmuster, wenn sie getriggert werden. Kreuzen Sie – am besten, ohne lange zu überlegen – das oder die Reaktionsmuster an, von dem/oder von denen Sie sich am ehesten angesprochen fühlen. Die Beispiele darunter geben Ihnen Hinweise, wie sich das jeweilige Muster in Ihrem Verhalten zeigen kann. Falls Sie bei sich andere Reaktionsmuster festgestellt haben, die hier nicht erwähnt sind, fügen Sie sie bitte in einer freien Zeile ein.

☐	**Kämpfen oder Druck ausüben** **Beispiele:** Ich beschuldige den anderen. Ich zeige meine Wut. Ich kämpfe. Ich streite mich mit dem andern. Ich versuche mit allen Mitteln, die Situation im Griff zu behalten. Ich inszeniere ein Drama. Ich benutze Verallgemeinerungen wie „immer“, „nie“ usw. Ich neige zu harscher Kritik. Ich beleidige den anderen. Ich werde sarkastisch.

☐	**„Vergiss es!“** **Beispiele:** Ich tue so, als gäbe es das Problem gar nicht. Ich lehne den anderen ab. Ich bin plötzlich sehr beschäftigt mit meiner Arbeit. Ich muss mich plötzlich um andere Menschen kümmern. Ich lenke mich selber von meinem Problem ab, indem ich mich mit anderen Menschen, Dingen oder Ereignissen beschäftige, die mir gefallen. Ich lasse „den Rolladen runter“ und verleugne meine Gefühle.
☐	**Verhandeln** **Beispiele:** Ich verhandle mit dem andern, um mich durchzusetzen oder damit die Dinge so laufen, wie ich es will. Ich suche nach logischen oder vernünftigen Argumenten, die mir helfen, eine offene Konfrontation zu vermeiden.
☐	**Fliehen** **Beispiele:** Ich gehe dem Problem aus dem Weg. Ich verlasse den Raum. Ich wechsle die Straßenseite. Ich schaue weg. Ich fange an zu weinen. Ich werde müde. Ich bekomme Kopfschmerzen.
☐	**Täuschen oder Manipulieren** **Beispiele:** Ich widersetze mich, indem ich den anderen bewusst täusche oder ärgere. Ich lüge. Ich tue so, als ob ich nichts mitbekomme, bin aber die ganze Zeit hellwach und bekomme alles mit. Ich tue so, als sei ich einverstanden, verfolge aber im Stillen meinen eigenen Plan. Ich blockiere.
☐	**Aufgeben und Bleiben** **Beispiele:** Ich resigniere innerlich und mache nach außen so weiter wie bisher. Ich gebe innerlich klein bei, damit der andere zufrieden ist und wir keinen Ärger haben. Ich sage nichts mehr, damit es wieder Ruhe gibt. Ich will meine Ruhe, soll der andere doch reden. Ich mache schon, was der andere will, bevor er etwas gesagt hat. Um des lieben Friedens willen sage ich halt Ja zur Entscheidung des anderen. Ich mache mit, damit ich nicht allein bin. Wenn ich selbst etwas entscheide, rechtfertige ich mich sofort und ungefragt dafür.
☐	**„Alles ist gut“** **Beispiele:** Ich tue so, als ob bei mir alles bestens wäre. Ich verstecke meine Verletzbarkeit. Ich gebe detaillierte Erklärungen, die sehr vernünftig klingen. Ich spiele den Coolen. Ich spiele die Erfolgreiche. Ich tue so, als ginge es mir blendend.
☒	**Erstarrung** **Beispiele:** Ich fühle mich wie gelähmt. Ich ziehe mich in mich zurück. Ich kann nicht denken. Ich kann nicht handeln. Ich fühle mich gebremst. Ich fühle mich wie das Kaninchen vor der Schlange.

6. Mein sabotierendes Thema ist:

Entspannen Sie sich, atmen Sie ein paar Mal tief und ruhig durch. Schließen Sie die Augen. Versetzen Sie sich nun bewusst noch einmal in die Situationen mit dem Auslöser, spüren Sie, wie Sie sich gefühlt und wie Sie automatisch reagiert haben. Lassen Sie jetzt Ihre Gedanken ganz frei fließen, ohne sich anzustrengen. Haben Sie den Eindruck, dass es bei Ihren Reaktionsmustern einen gemeinsamen Nenner gibt? Können Sie ein gemeinsames Thema, einen wiederkehrenden Gedanken erkennen? Beschreiben Sie hier in wenigen Worten, was Sie erkannt haben oder was Ihnen bei Schritt 5 durch den Kopf ging.

Beispiel:

Wenn mein Chef zu mir sagt, dass ich schon wieder zu spät bin, sehe ich ihn vor mir, wie er gleich losschreit. Ich habe Angst und fühle mich klein und verfalle sofort in Schweigen und sage kein einziges Wort mehr. Mein Reaktionsmuster ist: „Erstarrung". Ich erstarre oft und sehe mich dann als ganz hilfloses, kleines Wesen. Ich kann mich überhaupt nicht verteidigen, ich fühle mich ohnmächtig.

7. Meine sabotierende Kernüberzeugung lautet:

Schreiben Sie in der Ich-Form die negativen Aussagen über sich selbst auf, die Sie entdeckt haben. Schreiben Sie dabei vollkommen „unzensiert" alles auf, was Ihnen gerade in den Sinn kommt!

Ich fühle mich *schwach und ganz klein.*

Ich bin nicht *stark und kämpferisch.*

Ich kann nicht *für mich selbst einstehen.*

Ich tue nicht *das, was ich gerne in einer solchen Situation tun würde.*

Ich wünschte, ich könnte *anders reagieren und mich stark fühlen.*

Meine größte Angst ist, dass *ich versage.*

Unterstreichen Sie jetzt die zwei Aussagen, die Sie am meisten vor anderen zu verbergen versuchen. **Ziehen Sie einen Kreis** um die zwei Aussagen, die eine starke Resonanz in Ihnen auslösen oder bei denen Sie das Gefühl haben, dass Ihr Leben davon stark beeinflusst wird. Ihr Arbeitsblatt sieht dann ungefähr so aus:

Ich fühle mich *schwach und ganz klein.*

Ich bin nicht *stark und kämpferisch.*

Ich kann nicht *für mich selbst einstehen.*

Ich tue nicht *das, was ich gerne in einer solchen Situation tun würde.*

Ich wünsche, ich könnte *anders reagieren und mich stark fühlen.*

Meine größte Angst ist, dass *ich versage.*

Dann formulieren Sie die umkreisten Aussagen neu, und zwar noch kürzer und direkter.

Beispiele:

Ich bin schwach und klein. Ich habe Angst zu versagen.

Meine sabotierende Kernüberzeugung lautet: *Ich versage. Ich bin ein Versager.*

Nun haben Sie Ihre sabotierende Kernüberzeugung identifiziert, und Sie können mit der Transformationsarbeit beginnen.

Die sieben Schritte zur Identifizierung Ihrer sabotierenden Kernüberzeugungen (Kopiervorlage)

1. Wenn ich mit meinen persönlichen Auslösern konfrontiert werde ...	2. ... dann denke ich/stelle ich mir vor ...
Hier formulieren Sie in einem Satz den Kommentar von anderen, das spezifische Ereignis, die Situation, das Geräusch, den bestimmten Tonfall, die Art von Berührung, das Musikstück oder den Geruch, der in der Lage ist, eine Überreaktion bei Ihnen auszulösen.	In dieser Spalte führen Sie den Gedanken aus Spalte 1 fort: Sie beschreiben hier, wie Sie innerlich reagieren, z. B., was Sie über sich denken oder sagen, was Sie über den anderen denken oder was Sie glauben, was jetzt gleich passiert.

3. …dann fühle ich mich …	4. … und reagiere nach außen so:
In dieser Spalte beschreiben Sie, wie Sie sich fühlen.	Hier beschreiben Sie kurz, was Sie tatsächlich in der gegebenen Situation tun oder wie Sie sich nach außen zeigen.

5. Welche dieser typischen Reaktionsmuster laufen bei Ihnen am häufigsten ab? Viele Menschen haben mehr als ein automatisches Reaktionsmuster, wenn sie getriggert werden. Kreuzen Sie - am besten, ohne lange zu überlegen - das oder die Reaktionsmuster an, von dem/oder von denen Sie sich am ehesten angesprochen fühlen. Die Beispiele darunter geben Ihnen Hinweise, wie sich das jeweilige Muster in Ihrem Verhalten zeigen kann. Falls Sie bei sich andere Reaktionsmuster festgestellt haben, die hier nicht erwähnt sind, fügen Sie sie bitte in einer freien Zeile ein.	
☐	**Kämpfen oder Druck ausüben** **Beispiele:** Ich beschuldige den anderen. Ich zeige meine Wut. Ich kämpfe. Ich streite mich mit dem andern. Ich versuche mit allen Mitteln, die Situation im Griff zu behalten. Ich inszeniere ein Drama. Ich benutze Verallgemeinerungen wie „immer", „nie" usw. Ich neige zu harscher Kritik. Ich beleidige den anderen. Ich werde sarkastisch.
☐	**„Vergiss es!"** **Beispiele:** Ich tue so, als gäbe es das Problem gar nicht. Ich lehne den anderen ab. Ich bin plötzlich sehr beschäftigt mit meiner Arbeit. Ich muss mich plötzlich um andere Menschen kümmern. Ich lenke mich selber von meinem Problem ab, indem ich mich mit anderen Menschen, Dingen oder Ereignissen beschäftige, die mir gefallen. Ich lasse „den Rolladen runter" und verleugne meine Gefühle.
☐	**Verhandeln** **Beispiele:** Ich verhandle mit dem andern, um mich durchzusetzen oder damit die Dinge so laufen, wie ich es will. Ich suche nach logischen oder vernünftigen Argumenten, die mir helfen, eine offene Konfrontation zu vermeiden.
☐	**Fliehen** **Beispiele:** Ich gehe dem Problem aus dem Weg. Ich verlasse den Raum. Ich wechsle die Straßenseite. Ich schaue weg. Ich fange an zu weinen. Ich werde müde. Ich bekomme Kopfschmerzen.
☐	**Täuschen oder Manipulieren** **Beispiele:** Ich widersetze mich, indem ich den anderen bewusst täusche oder ärgere. Ich lüge. Ich tue so, als ob ich nichts mitbekomme, bin aber die ganze Zeit hellwach und bekomme alles mit. Ich tue so, als sei ich einverstanden, verfolge aber im Stillen meinen eigenen Plan. Ich blockiere.

☐	**Aufgeben und Bleiben** **Beispiele:** Ich resigniere innerlich und mache nach außen so weiter wie bisher. Ich gebe innerlich klein bei, damit der andere zufrieden ist und wir keinen Ärger haben. Ich sage nichts mehr, damit es wieder Ruhe gibt. Ich will meine Ruhe, soll der andere doch reden. Ich mache schon, was der andere will, bevor er etwas gesagt hat. Um des lieben Friedens willen sage ich halt Ja zur Entscheidung des anderen. Ich mache mit, damit ich nicht allein bin. Wenn ich selbst etwas entscheide, rechtfertige ich mich sofort und ungefragt dafür.
☐	**„Alles ist gut"** **Beispiele:** Ich tue so, als ob bei mir alles bestens wäre. Ich verstecke meine Verletzbarkeit. Ich gebe detaillierte Erklärungen, die sehr vernünftig klingen. Ich spiele den Coolen. Ich spiele die Erfolgreiche. Ich tue so, als ginge es mir blendend.
☐	**Erstarrung** **Beispiele:** Ich fühle mich wie gelähmt. Ich ziehe mich in mich zurück. Ich kann nicht denken. Ich kann nicht handeln. Ich fühle mich gebremst. Ich fühle mich wie das Kaninchen vor der Schlange.
☐	
☐	
☐	
☐	

6. Mein sabotierendes Thema ist:

Entspannen Sie sich, atmen Sie ein paar Mal tief und ruhig durch. Schließen Sie die Augen. Versetzen Sie sich nun bewusst noch einmal in die Situationen mit dem Auslöser, spüren Sie, wie Sie sich gefühlt und wie Sie automatisch reagiert haben. Lassen Sie jetzt Ihre Gedanken ganz frei fließen, ohne sich anzustrengen. Haben Sie den Eindruck, dass es bei Ihren Reaktionsmustern einen gemeinsamen Nenner gibt? Können Sie ein gemeinsames Thema, einen wiederkehrenden Gedanken erkennen? Beschreiben Sie hier in wenigen Worten, was Sie erkannt haben oder was Ihnen bei Schritt 5 durch den Kopf ging.

7. Meine sabotierende Kernüberzeugung lautet:
Schreiben Sie in der Ich-Form die negativen Aussagen über sich selbst auf, die Sie entdeckt haben. Schreiben Sie dabei vollkommen „unzensiert" alles auf, was Ihnen gerade in den Sinn kommt!
Ich fühle mich … **Ich bin nicht …** **Ich kann nicht …** **Ich tue nicht …** **Ich wünschte, ich könnte …** **Meine größte Angst ist, dass …**
Unterstreichen Sie jetzt die zwei Aussagen, die Sie am meisten vor anderen zu verbergen versuchen. Ziehen Sie einen Kreis um die zwei Aussagen, die eine starke Resonanz in Ihnen auslösen oder bei denen Sie das Gefühl haben, dass Ihr Leben davon stark beeinflusst wird.
Dann formulieren Sie die umkreisten Aussagen neu, und zwar noch kürzer und direkter.

Nun haben Sie Ihre sabotierende Kernüberzeugung identifiziert, und Sie können mit der Transformationsarbeit beginnen.

Reizwörter

Die hier aufgeführten Wörter lösen bei vielen Menschen eine bestimmte, negative Resonanz aus, wenn sie sie hören, lesen oder selbst verwenden. Es sind Wörter, die Sie gefühlsmäßig mit der sabotierenden Natur Ihrer Überzeugungen verbinden. Diese Liste enthält die am häufigsten vorkommenden Reizwörter. Falls es für Sie andere Reizwörter gibt, ergänzen Sie einfach die Liste!

abstoßen, abweisen, abwehren
albern
allein, mutterseelenallein
Ärger, ärgerlich
Ausnutzung, ausgenutzt werden
beschämt
blöd, saublöd
böse, boshaft
defekt
dickköpfig
doof, saudoof
dumm, saudumm
eigensinnig
eingebildet
einsam
Einzelgänger
elend
Empörung, empört
falsch
faul, stinkfaul, denkfaul, Faulenzer
Fehler, fehlerhaft
feige, Feigling
gebraucht
gebrechlich
Geringschätzung, gering geschätzt
Grenze, Grenzen, Abgrenzung, Begrenzung, ausgegrenzt
Groll
Hochmut
Hochstapler
ignorant
Ignoranz, ignorieren, ignoriert
inakzeptabelirrig, Irrtum
isoliert
Kampf, kampflos
kann nicht
Kritik, kritisch, kritisiert
langweilig
linkisch
mangelhaft, minderwertig
mies
Misserfolg, misslungen, missraten
nicht gut genug, ungenügend
nicht richtig
niemand
Ohnmacht, ohnmächtig
peinlich
Querulant, Quertreiber
rebellieren, Rebell
Recht haben, rechthaberisch
Scham
Schande, schändlich
schlecht
schlimm
Schuld, schuldig
schwach, Schwäche
solo, Single
starr, starrköpfig
stur
Sünde, sündig
töricht
träge
Trotzkopf
übel, Übeltäter, übel gesinnt
unbeliebt
unerwünscht, unwillkommenungebildet, unkundig, unwissend
ungeliebt
ungerecht, Unrecht
ungezogen
unhöflich
unrein, unsauber
unsicher
unverbesserlich
unverschämt, unwürdig
verausgaben
verbraucht, verschlissen
verbissen
verdammt
Verdruss
verkehrt
verhext
verletzt, Verletzbarkeit
verloren, verloren sein
verquer
verrückt
Versager
Verwundbarkeit, verwundet sein
wertlos, Wertlosigkeit
widerspenstig
widerwärtig
will nicht
wahnsinnig
Wut, wütend
Zorn, zornig

Das Zauberwort der Transformation: Selbstliebe

Alle Liebe dieser Welt ist auf Eigenliebe gebaut.

(Eckhart von Hochheim, genannt Meister Eckhart)[24]

Das Zauberwort für unsere Befreiung aus dem Schmerz, der unseren sabotierenden Überzeugungen zugrunde liegt, heißt: Selbstliebe.

Einer der wichtigsten Schritte hin zur Selbstliebe besteht darin, den alten Schmerz anzunehmen. Denn solange wir uns nicht selbst ganz annehmen und lieben, auf unsere Gefühle achten und unsere Bedürfnisse ernst nehmen, wird es uns nicht gelingen, unser Selbstwertgefühl und gesundes Selbstvertrauen zurückzuerlangen.

Wie ist das bei Ihnen? Wie steht es mit Ihrer Sensibilität für sich selbst? Lieben Sie sich so, wie Sie sind? Wenn Sie mögen, machen Sie doch gleich hier dieses Selbstliebe-Quiz. Ich habe es für Sie entwickelt.

Lieben Sie sich so, wie Sie sind?

Lesen Sie die Fragen eine nach der anderen in Ruhe durch und antworten Sie dann spontan – ohne lange zu grübeln. Sie können nichts falsch machen. Und dieses Quiz ist für Sie ganz allein.

Kreuzen Sie entweder „Ja“ oder „Nein“ an.

1. Kommt es häufiger vor, dass Sie Ihre eigenen Bedürfnisse, Wünsche und Belange zurückstellen (müssen), um diejenigen anderer Menschen zu erfüllen? ☒ Ja ☐ Nein

2. Erfüllen Sie die Bedürfnisse anderer häufig sogar auf Kosten Ihrer eigenen Gesundheit oder Ihres eigenen Wohlbefindens? ☒ Ja ☐ Nein

3. Sind Sie so erzogen worden, dass Sie glauben, es ist egoistisch, an erster Stelle stehen zu wollen? ☒ Ja ☐ Nein

4. Haben Sie öfter das Gefühl, dass Sie mit Ihrem Körper nicht liebevoll genug umgehen? *Treiben Sie zu wenig Sport? Schlafen Sie zu wenig? Ernähren Sie sich ungesund?* ☐ Ja ☒ Nein

5. Können Sie Fehler anderer Menschen leichter entschuldigen als Ihre eigenen? ☒ Ja ☐ Nein

6. Fällt es Ihnen schwer, anderen Menschen den Respekt entgegenzubringen, den Sie sich selber von diesen erhoffen? ☐ Ja ☒ Nein

7. Fällt es Ihnen schwer, Menschen auch dann zu mögen, wenn sie Fehler machen? ☐ Ja ☒ Nein

8. Haben Sie den Eindruck, dass es zu wenige Menschen gibt, die liebevoll, unterstützend, mitfühlend und fürsorglich zu Ihnen sind? ☐ Ja ☒ Nein

9. Haben Sie den Eindruck, dass es Ihnen schwer fällt, liebevolle und fürsorgliche Menschen anzuziehen? ☐ Ja ☒ Nein

10. Fällt es Ihnen schwer, sich gegenüber Ihrem Partner/Ihrer Partnerin, Ihren Eltern, Ihren Freunden usw. offen und ehrlich mitzuteilen? Befürchten Sie Probleme oder Schwierigkeiten, wenn Sie Ihre Gefühle oder Bedürfnisse ehrlich zeigen oder aussprechen? ☐ Ja ☒ Nein

11. Haben Sie den Eindruck, dass in Ihren Beziehungen das Verhältnis von Geben und Nehmen unausgeglichen ist? Haben Sie öfter das Gefühl, Sie geben mehr als Sie von anderen bekommen? ☐ Ja ☒ Nein

12. Haben Sie in Ihren Beziehungen öfter das Gefühl, dass Sie kämpfen müssen, damit Sie gehört werden oder um Ihren Standpunkt zu vertreten? ☒ Ja ☐ Nein

13. Glauben Sie öfter, Sie seien einfach nicht liebenswert? ☒ Ja ☐ Nein

14. Haben Sie das Ende einer Beziehung als Beweis dafür empfunden, dass Sie nicht gut genug, nicht liebenswert oder nicht wertvoll sind? ☒ Ja ☒ Nein

15. Haben Sie das Ende einer Beziehung als niederschmetternd, wie eine persönliche Niederlage empfunden? Haben Sie Schwierigkeiten, dies als eine Möglichkeit persönlichen Wachstums zu sehen? ☒ Ja ☐ Nein

Anzahl: 5 Ja 7 Nein

Auswertung: Zählen Sie Ihre „Ja"-Kreuzchen.

1 – 2: Ihre Fähigkeit, sich selbst und andere zu lieben, ist sehr gut entwickelt. Ihre Beziehungen sind ausgewogen und gesund. Sie haben vermutlich keine sabotierenden Überzeugungen zu diesem Thema.

3 – 4: Sie erleben womöglich, dass Ihre Beziehungen oder Ihre Partnerschaft einiges zu wünschen übrig lassen und dass Sie sich im Grunde nach etwas anderem sehnen. Wahrscheinlich findet eine Selbstsabotage statt, in der Form, dass Sie hoffen, dass der/die andere sich zuerst ändert.

5 oder mehr: Sie tragen vermutlich sabotierende Überzeugungen in sich, die mit Ihrem Selbstwert oder Ihrer Selbstliebe zu tun haben oder die die Kommunikation in Ihren Beziehungen erschweren.

Es lohnt sich immer, in eine gesunde Beziehung zu sich selbst zu investieren. Am stärksten zeigt sich das Ausmaß unserer Bereitschaft, uns selbst anzunehmen und zu lieben, in unseren Beziehungen und Partnerschaften. Ab wann bin ich bereit, die volle Verantwortung für mich, meine Entscheidungen und mein Leben zu übernehmen? Verantwortung heißt in diesem Falle, eine Wahl zu treffen: Beginnen Sie, sich selbst mehr zu lieben und ein brennendes Interesse dafür zu entwickeln, die Selbstsabotage in sich aufzudecken und zu transformieren.

Was Sie erwartet: Aus einem achtvollen, liebevollen Umgang mit sich selbst können sich gute und gesunde Beziehungen mit anderen ergeben.

Eine bestimmte Methode oder eine Technik, die bei dem einen gute Erfolge bringt, kann bei einem anderen durchaus scheitern oder nicht den erwünschten Durchbruch bringen. Derjenige fühlt sich vielleicht von einer bestimmten Technik oder Methode „nicht angesprochen". Selbstverständlich gibt es eine Vielzahl von wirksamen Methoden und Interventionen, die ihren Erfolg und ihre Berechtigung haben. Es würde aber den Rahmen dieses Buches sprengen, alle hier präsentieren zu wollen.

Ich möchte Ihnen deshalb hier diejenigen Selbsthilfe-Übungen vorstellen, mit denen ich bei meiner Arbeit bisher den größten Erfolg hatte.

Seien Sie sich darüber im Klaren, dass die Zeit, die Sie in sich selbst und in die Wiederentdeckung Ihrer Selbstliebe investieren, die wichtigste überhaupt ist. Zelebrieren Sie diesen Gedanken, und würdigen Sie sich selbst, indem Sie ein einfaches, aber besonderes Ritual aus der Beschäftigung mit Ihrem Thema machen.

Das Selbstliebe-Ritual

Nehmen Sie sich eine kleine Auszeit von Ihrem Alltagsgeschehen und machen Sie sich bewusst, dass der Kern dieses Rituals darin besteht, dass Sie sich Ruhe und Zeit schenken. Sich selbst Zeit zu geben ist eine überaus liebevolle Geste.

Suchen Sie sich einen angenehmen Ort, an dem Sie Ruhe haben und wirklich ganz ungestört bleiben können. Machen Sie es sich bequem. Tragen Sie lockere Kleidung, die Sie nicht einengt – besonders am Oberkörper, um die Taille oder Hüfte, denn die Energie im gesamten Körper soll gut fließen können.

Sitzen Sie aufrecht, denn gerade bei Atemübungen und bei der Herzmeditation ist es wichtig, dass der Oberkörper gerade ist. Wenn es für Sie bequem ist, setzen Sie sich auf einen Stuhl. Sie können aber auch gerne auf dem Boden sitzen, vielleicht auf einem Kissen – einfach so, wie es für Sie angenehm ist.

Wenn Sie möchten, zünden Sie eine Kerze an und sammeln Sie sich, indem Sie für einige Sekunden in die Flamme schauen.

Setzen Sie zu Beginn eine klare Absicht und sprechen Sie sie laut. Diese könnte z. B. so lauten: *„Ich nehme mich liebevoll an."*

Und sitzen Sie still und lächeln (Übung „Stillsitzen und lächeln" aus Toolbox 2, Seite 135).

Natürlich bleibt es Ihnen überlassen, welche Übung Sie machen. Wagen Sie Ihren ersten Schritt und lernen Sie einige der Übungen in aller Ruhe und in Ihrem eigenen Tempo kennen. Es gibt keine Regeln und keine feste Reihenfolge. Meine persönliche Empfehlung wäre, zunächst regelmäßig eine Achtsamkeits- und Bewusstheitsübung zusammen oder abwechselnd mit einer Entspannungs- oder meditativen Übung zu machen.

Für den Anfang reicht es, wenn Sie jeden Tag ein paar Minuten üben. Vielleicht möchten Sie später die Dauer auf 10 bis 15 Minuten täglich steigern.

Die meditativen Übungen sind als Anregung gedacht und dienen an dieser Stelle der Entspannung, die für ein Einlassen in Ihren Transformationsprozess eine wesentliche Voraussetzung ist. Ich möchte an dieser Stelle allerdings auch den Unterschied zwischen meinen meditativen Übungen und dem hervorheben, was man traditionell unter dem Begriff „Meditation" versteht.

Aus eigener Erfahrung weiß ich, dass eine tägliche Meditationspraxis neben dem Effekt der Entspannung die Aufmerksamkeit schärft und schult, die Konzentrationsfähigkeit erhöht und eine Ausgeglichenheit des Bewusstseins mit sich bringt. Verschiedene Studien belegen, dass allein die Stressreduzierung im Nervensystem für die Gesundheit unbezahlbar ist. Zur Meditation gehört allerdings eine Regelmäßigkeit, denn wirkungsvoll – das ist meine persönliche Erfahrung – wird die Meditation erst dann, wenn man zweimal täglich meditiert. Es gibt verschiedene Meditationstechniken und eine Reihe von verschiedenen „Schulen", die Wert auf unterschiedliche Aspekte legen. Die Übungen, die ich Ihnen hier vorstelle, sind keine „Meditation" im eigentlichen Sinne, sondern haben „meditativen Charakter" und unterstützen Sie bei der Entspannung.

Als persönliche Empfehlung und aus tiefster Dankbarkeit möchte ich an dieser Stelle die geführte „QuantumLightBreath" (QLB) Atemmeditations-Serie von Jeru Kabbal erwähnen, die ich vor einigen Jahren im Rahmen eines Meditationsseminars kennen und lieben lernte. „QLB" ist eine transformative Atemmeditation, eine Kombination aus Tiefenatmung, Musik und Achtsamkeitsmeditation.

Transformieren Sie das, was Sie bremst, in eine sprudelnde Quelle des Erfolgs

Freude entsteht bei der Entfaltung Ihres Potenzials.

(Will Schultz)[25]

Ihre Tools zur Transformation

Ich arbeite mittlerweile mit einer großen Zahl unterschiedlichster Tools und Übungen, die alle dazu geeignet sind, Menschen zu helfen, ihre sabotierenden Überzeugungen aufzudecken, zu würdigen und schließlich aufzulösen. Dass und wie diese Übungen wirken, konnten Sie in den in diesem Buch geschilderten Fallbeispielen lesen.

In vielen Fällen ist es jedoch auch möglich, dass Sie sich selbst – ohne Hilfe von außen – von sabotierenden Gedanken oder Überzeugungen befreien. Zu diesem Zweck habe ich im letzten Teil dieses Buches (ab Seite 123) sieben Toolboxes zusammengestellt, aus denen Sie sich Ihre eigenen Übungen zusammenstellen können:

Toolbox Nr. 1 – Achtsamkeit und Bewusstheit

Toolbox Nr. 2 – Entspannung und Meditation

Toolbox Nr. 3 – Affirmationen

Toolbox Nr. 4 – Visualisierungen

Toolbox Nr. 5 – Atem, Herz und Affirmation – drei starke Freunde

Toolbox Nr. 6 – Energetische Übungen

Toolbox Nr. 7 – Affirmative Massage

Die folgenden Seiten geben Ihnen zuvor einen Überblick, welche Werkzeuge Ihnen dazu zur Verfügung stehen und worin jeweils Ihr Gewinn liegt, sie anzuwenden. Lassen Sie sich inspirieren und zu den Übungen führen, die genau im Moment für Sie richtig sind – und erlernen Sie die für Ihre Entwicklung wichtigen Fähigkeiten.

Wenn Sie beim ersten Mal mit einer der Übungen Schwierigkeiten haben oder eine Übung Sie besondere Überwindung kostet, brechen Sie diese ab und setzen Sie sie später oder am nächsten Tag fort.

Es gibt in Ihnen eine Kraft, die sehr viel weiser ist als Sie selbst. Wann immer Sie das Gefühl haben, alleine nicht weiterzukommen oder in Ihrem Prozess steckenzubleiben, bitten Sie Ihre innere Führung um Hilfe – wie auch immer Sie diese Kraft definieren oder nennen. Fragen Sie diese Kraft, was für Sie wesentlich ist, was wichtig ist. Fragen Sie, was der erste oder der nächste Schritt ist, den Sie tun können. Fragen Sie, was Sie tun müssen, um Ihrem Ziel näher zu kommen, um die Sabotage in Ihnen aufzulösen. Fragen Sie, was nötig ist, damit Sie Sie selbst, ICH werden können. Und dann horchen Sie in die Stille hinein und warten Sie ab, was kommt. Wie die Psychotherapeutin Manuela Miller sagt: „Es kommt aus einer Kraft der Liebe und aus der Kraft der heilenden Selbstliebe."[26]

Achtsamkeit und Bewusstheit

Wie achtsam gehen wir mit uns selbst um? Wie viel Achtsamkeit schenken wir anderen? Wie viel Achtsamkeit geben wir unseren Gedanken? Wie bewusst erleben wir unseren Alltag? Wie achtsam gehen wir mit unserer Zeit um? Wie achtsam sind wir in der Kommunikation mit anderen?

In einer Zeit, die von dem Gedanken geprägt ist, jederzeit und überall erreichbar zu sein, in der die alltägliche Kommunikation durch Smartphones, E-Mails und Laptops beeinflusst wird, entfernen wir uns immer mehr von einer wirklich bewussten und achtsamen Kommunikation miteinander.

Wir können bei uns selbst beginnen, wir können den ersten Schritt tun und uns selbst mehr Achtsamkeit schenken. Je mehr wir in die

Verantwortung uns selbst gegenüber treten, umso wacher werden wir in unserer Welt. Das Wort für Verantwortung in meiner Muttersprache heißt „responsibility". Eine schöne Interpretation dieses Wortes stammt von Dr. Wayne W. Dyer[27]: responsibility = *respond with ability* – also reagieren, antworten mit Begabung, mit Vermögen, mit Fähigkeit. Ich möchte seine Interpretation um das Wort „Bewusstheit" und „Achtsamkeit" erweitern. Der Schlüssel zu einem verantwortungsvollen Umgang miteinander liegt in dem Maß an Achtsamkeit, das wir bereit sind, uns selber und anderen zu schenken.

Entspannung und Meditation

Sabotierende Kernüberzeugungen können Sie nur auflösen und transformieren, wenn Sie entspannt sind. Meine eigene Erfahrung hat mir gezeigt, dass Meditation dabei sehr wirkungsvoll sein kann. Sie müssen dafür nicht tief in die Meditationspraxis einsteigen. Gleichwohl ist es durchaus lohnend, sich mit dem Thema Meditation grundsätzlich zu befassen.

Man hat in der Hirnforschung inzwischen nachgewiesen, dass Meditation das Gehirn in einen Zustand versetzt, der dem Zustand extrem fokussierter Aufmerksamkeit vergleichbar ist. Die durch Meditation im Gehirn stattfindenden Veränderungen sind messbar. In wissenschaftlichen Tests, bei denen die Gehirnströme von Meditierenden gemessen wurden, wurde beobachtet, welche Hirnregionen bei der Meditation besonders aktiv sind.

Diese Tatsache können wir nutzen, wenn wir uns durch Meditation oder meditative Übungen gezielt in einen positiveren, fokussierten und entspannten Zustand versetzen, bevor wir unser Thema bearbeiten.

Es gibt Phasen in meinem Leben, in denen ich sehr regelmäßig (fast täglich) die geführte Meditationen von Jeru Kabbal höre. Jedesmal staune ich über die Klarheit und Bewusstheit, die sich während und nach dem Hören einstellt. Es ist eine ganz besondere, lohnenswerte und reinigende Erfahrung, die durch den mit Musik unterlegten Meditations- und Atemprozess gemacht werden kann. In Deutschland wird Jeru Kabbals Werk vom ClarityProject® koordiniert und weitergeführt.

Probieren Sie alle vorgestellten Übungen mehrmals aus – zumindest die, die Sie spontan ansprechen. Wählen Sie dann eine oder zwei, die

Ihnen besonders gut tun und regelmäßig helfen, sich tief zu entspannen.

Affirmationen

Stellen Sie sich vor, Sie unternehmen bei einem Klassentreffen eine Bergwanderung mit Ihren ehemaligen Schulkameraden. Sie schließen sich Ihrer alten Clique an und merken, wie die meisten von ihnen scheinbar mühelos den Berg hinaufsteigen. Sie halten eine Weile das Tempo mit, merken jedoch, dass die letzten hundert Meter vor der Berghütte, wo Sie zu Mittag essen wollen, für Sie recht anstrengend werden. Sie wollen jetzt aber auf keinen Fall langsamer werden. Sie wollen Ihrer alten Clique zeigen, dass Sie auch mithalten können. Was schießt Ihnen in diesem Moment durch den Kopf? Welche Gedanken sind da? Was sagen Sie sich? Sind es Sätze wie: „Mann, hoffentlich schaffe ich das!“, „Ich will bloß nicht als Letzte ankommen!“ oder „Die merken alle, dass ich langsamer bin!“?

Oder sagen Sie sich so etwas wie: „Ich schaffe das, ich schaffe das, ich schaffe das!“ oder „Ich halte gut mit, ich halte gut mit, ich halte gut mit!“?

Wie wir schon wissen, ist es für uns sehr leicht, ganz automatisch in die Negativspirale von negativen Gedanken zu geraten. Gedanklich wiederholen wir negative Äußerungen, ohne uns dessen bewusst zu sein. Wie oft sagen wir uns „Ich kann das nicht, ich schaffe das nicht, ich werde versagen, ich habe die Kraft nicht, usw.“? In solchen Momenten nimmt unser Unterbewusstsein solche Gedanken an, prüft sie aber nicht auf ihren Wahrheitsgehalt oder ihre Tauglichkeit.

Wenn das so herum funktioniert – dann können Sie sich auch konsequent Positives suggerieren!

Affirmationen sind positive Äußerungen oder Gedanken, die stets *im Präsens* (Gegenwart) eine erwünschte Situation oder einen Zielzustand beschreiben. Eine Affirmation wird *bewusst* formuliert.

Manchmal bringt die Arbeit mit Affirmationen einen schnellen Erfolg. Häufig muss man sie aber auch über einen längeren Zeitraum sehr konsequent anwenden.

Der Erfolg kann sich nämlich nur dann wirklich einstellen, wenn die positiven Affirmationen tatsächlich im eigenen Denken einen immer größeren Raum einnehmen und nicht ständig von negativen Gedanken konterkariert werden. Die Wirkung ist sehr schwach (wenn der Effekt nicht sogar ganz ausbleibt), wenn Sie zum Beispiel am Vormittag für einige Minuten Affirmationen aufsagen und den Rest des Tages mit negativen Gedanken herumlaufen.

> *Ein Mensch, der morgens vor dem Spiegel zu sich selber sagt: „Ich bin ein erfolgreicher Vertriebsmitarbeiter!", aber das nicht wirklich glaubt und eher mechanisch vor sich herbetet und bereits auf dem Weg zur Arbeit denkt: „Wie soll ich meine Arbeit heute nur schaffen?" und am Arbeitsplatz sich ständig sagt: „Das schaffe ich nie!" oder „Hätte ich doch bloß diesen Job nicht angenommen, ich kann das nicht!", der nutzt die Kraft seiner Gedanken – wenn auch ungewollt – in genau der entgegengesetzten Richtung zu seinem Ziel.*

Vielleicht ist das hilfreich für Sie zu wissen: Positive und negative Gedanken können den Verstand nicht gleichzeitig beschäftigen. Sie haben stets die Wahl, worauf Sie Ihren gedanklichen Fokus lenken und wie Sie Ihren inneren Kompass ausrichten wollen!

Visualisierungen

Sie wissen wahrscheinlich, dass viele Sportler die immense Kraft von Visualisierungen nutzen. Vor wichtigen Spielen oder Wettkämpfen konzentriert sich ein Sportler ganz auf die Wettkampfsituation und lässt in allen Einzelheiten Bilder vor seinem geistigen Auge entstehen. In seiner Vorstellung läuft er die Rennstrecke, den Parcours oder den Golfplatz immer wieder in perfekter, erfolgreicher Weise ab und beachtet dabei jede Einzelheit seines bevorstehenden Wettkampfs. Er spielt geistig den gesamten Wettkampf durch und sieht sich stets als Sieger hervorgehen. Dieselbe Technik können Sie einsetzen, um Ihre Ziele zu erreichen – egal, ob sportlicher, beruflicher oder privater Natur.

Der Grundgedanke bei allen Visualisierungstechniken ist das gezielte Einsetzen unseres Vorstellungsvermögens.

Atem- und Herzmeditation

Wir alle – egal, wie jung oder alt wir sind – besitzen eine große, ureigene wunderbare Kraft und Gabe, die uns in die Lage versetzt, heilende Transformationen zu bewirken: Diese Gabe ist unser Atem und die Energie, die wir damit erzeugen. Der Atem ist eine Nahtstelle zwischen Körper, Gefühlen und Denken. Durch bewusste Beeinflussung des Atemmusters können Gefühle und Emotionen angesprochen und verändert werden.

Sie können über den bewussten Atem Ihren Körper bei der Veränderung negativer Gefühlszustände unterstützend miteinbeziehen und dazu jederzeit auch die immense Transformationskraft des Atems einsetzen. Sie können diese Kraft potenzieren, indem Sie sich gleichzeitig mit Ihrer Herzenskraft verbinden.

Was der Atem leisten kann, wird uns bewusst, wenn wir zum Beispiel an bestimmte Lebensprozesse wie den Geburtsvorgang denken. Schwangere lernen, ihren Atem als nicht zu übertreffendes Hilfsmittel bei der Entbindung bewusst einzusetzen.

Eine regelmäßige Tiefenatmung, wie sie etwa im Yoga oder bei der Meditation gelehrt wird, beruhigt, stärkt die Abwehrkräfte des Körpers, beschleunigt die Genesung im Krankheitsfall und beugt seelischer Labilität vor. Auch das Nervensystem, das willkürliche wie das unwillkürliche, wird durch Heilatmung aktiviert.

Die Atmung ist also ein Gesundungsfaktor und eine Heilkraft ersten Ranges, die ganzheitlich sowohl im körperlichen als auch im emotionalen und mentalen Bereich wirkt. Der Selbstreinigungs- und Selbstheilungsprozess durch Atemmeditation löst nicht nur körperliche Verspannungen, sondern verändert auch Sichtweisen und Denkmuster – sogar sabotierende Überzeugungen. Dadurch wächst die Energie und die Lebensfreude, und es entsteht ein harmonischerer Gleichklang zwischen Körper, Seele und Geist. Nutzen Sie also regelmäßig einige der ca. 24.000 Atemzügen pro Tag für Ihre Gesundheit, Ihr Wohlbefinden und Ihr persönliches Glück!

Genau wie unser Atem uns bis in die letzte Zelle versorgt, kommuniziert unser Herz mit unserem Gehirn und Körper auf vielfältige Art und Weise: neurologisch, biophysisch, hormonell und energetisch. Durch bewusste Atemmeditation kommen wir zunehmend in unsere Mitte, wir spüren ein friedliches Gefühl und einen Zustand der erhöhten Achtsamkeit. In diesem Zustand erleben wir Gedanken und Emotionen positiver Natur. Wir öffnen uns für die positive Emotionalität, die so häufig mit unserem Herzen assoziiert wird: Mitgefühl, Liebe, Wertschätzung, Dankbarkeit. Mit anderen Worten: Es geschieht eine Veränderung des Herzens, die alles verändert. Studien haben gezeigt, dass von allen unseren Organen unser Herz das stärkste elektromagnetische Feld produziert. Neben der organischen Funktion wird dem Herzen auch eine eigene Intelligenz zugewiesen, die Verstand und Emotionen beeinflussen kann.

Diese wunderbare Herzintelligenz und Herzenergie in Verbindung mit bewusstem Atmen und positiven Affirmationen ermöglichen eine Transformation von Emotionen, Gedanken und Verhalten. Wir verbinden uns mit einer höheren Intelligenz, wir sind wirklich bei uns, wir sind klar und können Neues empfangen. Das Schöne ist: Die Atem- und Herzmeditation ist einfach und wirksam. Wir können sie mit ein wenig Übung jederzeit und überall effektiv für uns einsetzen. Die Atem- und Herzmeditation ist ein ideales Instrument, um sich zu öffnen, ruhig zu werden und sich zu entspannen. Sie ist eine schöne, starke Begleitung, die den gesamten Loslösungs- und Transformationsprozess unterstützt.

Die drei starken Freunde: Atem, Herz, Affirmation

Die „AHA-Übung“ oder „Die drei starken Freunde“ ist aus meiner Arbeit in den letzten Jahren entstanden. Sie können sie auch gut zu Hause für sich ausprobieren. Sie sensibilisieren damit Ihre Achtsamkeit und das Bewusstwerden für den Atem und das Herz, unsere zwei starken Freunde, die uns stets begleiten. Der dritte Freund in dieser Übung ist die laut gesprochene Affirmation.

Atem – Herz – Affirmation – drei starke Freunde mit einem großen **Aha**-Effekt!

Energetische Übungen

Mit diesen Übungen nutzen Sie die Energie, die in Ihrem Körper ständig vorhanden ist, und lösen gegebenenfalls vorhandene Energieblockaden auf. Wenn Ihre Energie wieder „richtig" fließt, können Sie sabotierende Überzeugungen auflösen. In der Toolbox Nr. 6 stelle ich Ihnen zwei Übungen vor, die von Dr. Fred P. Gallo entwickelt wurden: NAEM und HELP.

NAEM

Bereits in den frühen 1990er-Jahren entwickelte Dr. Gallo eine kurze, simple und sehr effektive, energiebasierte Meridianklopfmethode: die „Negative Affect Erasing Method" (NAEM, Methode zur Auslöschung negativer Affekte/Gefühle). Dr. Gallo und zahlreiche Therapeuten haben inzwischen diese und andere energetische Methoden in der Behandlung von psychischen Problemen wie zum Beispiel Traumata, Phobien, Angstzuständen und Depressionen mit großem Erfolg eingesetzt. Dr. Gallo entdeckte auch, dass sich seine Methode hervorragend zur Transformation von sabotierenden Überzeugungen eignet.

Zu der NAEM-Methode gehören: die Auflösung der Psychischen Umkehrung (PU), Meridianpunktklopfen, die „Gehirnbalance" und das „Augenrollen".

Auflösung von psychischen Umkehrungen (PU)

Die psychische Umkehrung ist eine unbewusste Selbstsabotage. Wer kennt das Phänomen nicht, dass man ganz genau das Gegenteil von dem tut, was man eigentlich will oder sich vorgenommen hat? Wir legen bewusst ein Ziel fest, aber irgendetwas in Form irgendeines inneren Widerstands hält uns davon ab. Oft kämpfen wir bewusst dagegen an, reden uns gut zu und wundern uns, dass wir trotzdem immer das Gegenteil erreichen. Die Selbstsabotage wiederholt sich.

Angenommen, ich würde Ihnen die Frage stellen, ob Sie ein glückliches Leben führen möchten. Sie und ich würden als Antwort ein „Ja" erwarten. Genauso würde ich ein „Ja" erwarten, wenn ich Sie fragen würde, ob Sie eine für Ihr berufliches Fortkommen wichtige Prüfung erfolgreich bestehen möchten. In der energetischen Psychologie weiß man aus Beobachtungen, dass Menschen sich auf einer tiefen, unbewussten Ebene anders entscheiden, wenn eine psychische Umkehrung vorliegt. Die Antwort bei der unbewussten Selbstsabotage lautet „Nein" an der Stelle, wo ein „Ja" normal und zu erwarten wäre. Die Selbstsabotage kann sich in allen Lebenssituationen auf der unbewussten Ebene manifestieren.

Obwohl eine psychische Umkehrung sich auf einer sehr tiefen Ebene im Menschen manifestiert, sind die Techniken zu ihrer Auflösung leicht anzuwenden. In Toolbox Nr. 6, Seite 159 unter Punkt 2 finden Sie eine Beschreibung der Vorgehensweise.

Die Gehirnbalance

Bei der Gehirnbalance werden verschiedene „Punkte" im Gehirn aktiviert. Dies geschieht, indem man in einer bestimmten Reihenfolge in bestimmte Richtungen blickt, einen Ton oder eine Melodie summt und zählt. Oft wird sie mit dem Klopfen der Behandlungspunkte kombiniert, damit die Klopfsequenzen, mit denen ein bestimmtes Problem behandelt wird, effektiver wirken. Jede Einzelübung der Gehirnbalance stimuliert unterschiedliche Gehirnbereiche und deren Funktionen.

Die Übung hat außerdem einen schönen Nebeneffekt: Ich habe festgestellt, dass sie sehr hilfreich ist, wenn Sie sich auf etwas konzentrieren möchten. Toolbox Nr. 6, Seite 161 unter Punkt 5 finden Sie eine Beschreibung der Vorgehensweise.

Das Augenrollen

Ähnlich wie die Gehirnbalance können Sie diese Übung anwenden, um die Ergebnisse der Schrittfolgen zu verstärken und um mögliche Stressgefühle zu reduzieren.

HELP

HELP wirkt außerordentlich entspannend und ist eine hervorragende allgemeine Korrektur für viele psychische Umkehrungen.

Eine wunderbare Geschichte erzählte mir eine Psychotherapeutin, die mit mir an einer Fortbildung mit Dr. Gallo teilnahm:

> *Die Klientin war zu ihr gekommen, da sie stark unter Depressionen litt, weil sie und ihr Mann keine Kinder bekommen konnten. Sie hatten im Laufe der Jahre vieles auf sich genommen. Zum Beispiel hatte die Klientin sich auch diversen Hormonbehandlungen unterzogen. Der*

lang ersehnte Kinderwunsch war trotz aller medizinischen Künste nicht in Erfüllung gegangen.

Um die Klientin in ihrer Auseinandersetzung mit ihrer Depression und ihren Ängsten zu unterstützen, wandte die Psychotherapeutin den Healing Energy Light Process über einige Sitzungen an. Kurze Zeit darauf wurde die Klientin schwanger.

Natürlich können auch andere Faktoren eine Rolle für die unerwartete Schwangerschaft gespielt haben. Es kann im Nachhinein nicht festgestellt werden, was letztendlich eine Schwangerschaft doch möglich gemacht hatte. Dennoch ist der zeitliche Zusammenhang zwischen dem Einsatz von HELP und dem Eintreten der Schwangerschaft auffällig. War vielleicht eine unbewusste Selbstsabotage der Grund für den unerfüllten Kinderwunsch gewesen?

Affirmative Massage

Sie können die in diesem Buch vorgestellten Selbsthilfe-Übungen für sich allein durchführen – bestimmte Übungen können Sie aber auch sehr gut zu zweit machen. Unterstützung durch einen Menschen, den Sie mögen und der Sie mag, kann Ihren Transformationsprozess wirkungsvoll fördern. Manche Übungen bereichern einfach auch die Beziehung.

Experimentieren Sie einmal mit der Kombination von Entspannungsmassage und Affirmationen! Merken Sie sich ein oder zwei Affirmationen und wiederholen Sie diese innerlich, während Sie eine Massage genießen. Stellen Sie sich vor, dass Ihre Affirmation „einmassiert“ wird, und dass die darin enthaltene Botschaft jede Muskelfaser und jede Zelle Ihres Körpers erreicht.

Sind Sie neugierig geworden darauf, was sich in den Toolboxes im Einzelnen befindet? Dann folgen Sie Ihrem guten Gespür, öffnen Sie eine Toolbox und probieren Sie eine der Übungen gleich einmal aus. Schenken Sie sich liebevolle Aufmerksamkeit und tun sie nur das, wovon Sie spüren, dass es Ihnen gut tut. Zwingen Sie sich zu nichts.

Toolbox Nr. 1: Achtsamkeit und Bewusstheit

Den Weg zu gehen, heißt immer wieder zur Aufmerksamkeit zurückzufinden, immer wieder das zu sehen, was gerade ist, zu üben, die eigene Wirklichkeit geduldig anzunehmen.

(Ingo Benjamin Jahrsetz)[28]

Mit den Übungen, die ich Ihnen hier vorstelle, können Sie Ihr Bewusstsein und Ihre Achtsamkeit für die Dinge des Alltags schärfen und schulen. Sie richten Ihren „Gedanken-Kompass" neu aus. Solange Sie unachtsam sind, können manche Gedanken Sie in das „negative Niemandsland" führen – und Sie verbringen viele Stunden Ihres Lebens damit, sich Gedanken zu machen über vergangene oder Angst machende Situationen. Dabei besteht die Gefahr, dass Sie vergessen, wer eigentlich die Richtung angibt.

Entscheiden Sie sich dafür, dass Sie die Richtung angeben, in die Ihre Gedanken gehen sollen! Lassen Sie sich von Ihren Gedanken nicht in eine ungewünschte Richtung bringen. So, wie Sie bei einer Wanderung mit einem Kompass, der auf Norden ausgerichtet ist, im Norden ankommen, so ist es auch mit den Gedanken: Wenn die Qualität Ihrer Gedanken negativ, traurig, abwertend, ängstlich ist, dann werden Sie sich auch so fühlen.

Sie können Ihren negativen Gedanken jedoch „sagen", dass Sie in eine andere Richtung gehen wollen. Glücklichsein ist das Ergebnis der Entscheidung, dass Sie glücklich sein wollen.

Nutzen Sie also die folgenden Übungen, um Ihren „verbalen Kompass" neu auszurichten!

Wenn Sie Ihre Achtsamkeit und Bewusstheit schärfen wollen, ist es wahrscheinlich am leichtesten, wenn Sie mit den Dingen beginnen, die Sie gerne tun. Hören Sie gerne Musik? Betrachten Sie gerne Bilder oder Fotos? Treiben Sie gerne Sport? Kochen Sie gerne? Es gibt bei jeder Tätigkeit die Möglichkeit, „achtsame Wahrnehmung" zu üben.

Alltagsübung mit Musik

Angenommen, Sie hören Ihre Lieblings-CD. Konzentrieren Sie sich voll und ganz auf die Musik, die Sie gerade hören. Wählen Sie ein Instrument aus, das gespielt wird, beispielsweise eine Gitarre, und achten Sie ganz besonders auf den Klang der Gitarre. Widmen Sie Ihre Aufmerksamkeit ganz bewusst nur der Gitarre, und verfolgen Sie die Melodie oder Töne, die sie spielt, bis zum Schluss des Stücks. Danach hören Sie dasselbe Stück noch einmal an – wählen jedoch ein anderes Instrument, zum Beispiel ein Saxofon, dem Sie so aufmerksam wie möglich lauschen – auch wieder bis zum Schluss des Stücks. Nehmen Sie dabei auch wahr, wenn Ihr gewähltes Instrument gerade „Pause“ hat, und wann es wieder zum Einsatz kommt.

Sie können diese Übung auch mit Musik im Radio machen, wobei Sie natürlich nicht gleich die Gelegenheit haben, verschiedene Instrumente aus ein- und demselben Stück herauszuhören. Seien Sie kreativ und finden Sie in jedem Musikstück etwas anderes, worauf Sie Ihre Aufmerksamkeit bewusst lenken.

Alltagsübung mit Bildern

Beim Betrachten eines Bildes können Sie Ähnliches tun. Wählen Sie eine bestimmte Farbe aus. Wo überall kommt diese eine Farbe in dem Bild vor? Welche Qualität hat die Farbe? Fallen hier und da Schatten auf die Farbe? Wofür wurde diese Farbe im Bild eingesetzt? Wählen Sie dann eine andere Farbe und forschen Sie auf die gleiche Weise im Bild weiter! Welche Geschichten erzählen Ihnen die Farben?

Alltagsübung beim Sport

Wenn Sie Sport treiben, können Sie sehr aufmerksam Ihren Körper und die einzelnen Abläufe im Körper beobachten. Spüren Sie, wie Ihr Herz pocht? Spüren Sie, wie das Blut durch Ihre Adern pulsiert? Spüren Sie, wie Ihre Muskeln sich anspannen und wieder entspannen? Was passiert gerade in Ihrem Körper? Welche Körperteile reagieren auf Ihre Bewegungen? Wie reagieren die Knie? Die Füße? Der Rücken? Was teilt Ihnen Ihr Körper gerade in diesem Augenblick alles mit?

Alltagsübung beim Kochen

Kochen eignet sich besonders gut für Achtsamkeits- und Bewusstheitsübungen, da es sämtliche Sinne anregt. Nehmen Sie sich das nächste Mal, wenn Sie eine Mahlzeit vorbereiten, ein wenig mehr Zeit als sonst. Nehmen Sie jede einzelne Zutat bewusst in die Hand, spüren Sie, wie sie sich anfühlt, betrachten Sie die Farbe, riechen Sie daran, nehmen Sie die Konsistenz wahr. Welche Geräusche hören Sie beim Gemüseschälen oder beim Kräuterhacken? Tritt an der Schnittfläche eine Flüssigkeit aus? Und überhaupt: Wie schneiden Sie – drücken Sie das Messer fest und ziehen Sie es schnell durch, oder gehen Sie eher langsam und bedächtig vor?

Dies sind nur einige Beispiele für ganz alltägliche Situationen, die Sie dazu nutzen können, Ihre Achtsamkeit und Bewusstheit zu trainieren! Nach einer Weile werden Sie selbst feststellen, dass allein durch die Schärfung Ihrer Achtsamkeit die Art, wie Sie mit den Dingen des Alltags umgehen, verändert.

Unsere Aufmerksamkeit beeinflusst unsere Gedanken und Gefühle in sehr hohem Maße. Die Realität, die wir wahrnehmen, wird durch unsere Aufmerksamkeit geprägt.

Je mehr es Ihnen gelingt, Ihre Achtsamkeit und Ihre Bewusstheit für alltägliche Handlungen zu entwickeln, umso leichter wird der nächste Schritt werden, die Qualität Ihrer Gedanken wahrzunehmen und zu unterscheiden. Mit der Zeit lernen Sie, bei welcher Art von Gedanken Sie sich wohl fühlen und welche Gedanken dazu führen, dass Sie sich ärgern oder traurig sind. Die Übungen in Achtsamkeit und Bewusstheit führen Sie immer wieder hin zu Ihren Wahlmöglichkeiten. Je mehr Sie sich darüber bewusst werden, dass Sie tatsächlich aktiv wählen, worauf Sie Ihre Aufmerksamkeit lenken, lernen Sie, Ihren Gedanken- und Sprachkompass mehr und mehr in die Richtung zu lenken, die Ihnen gut tut. So, wie Sie morgens vor Ihrem Kleiderschrank stehen und einen Anzug oder ein Kleid bewusst auswählen, werden Sie in der Lage sein, Ihr „Gedanken-, Gefühls- und Sprachkleid“ anzuziehen.

Eine andere, ganz einfache, aber sehr effektive Möglichkeit, die Aufmerksamkeit zu schulen, ist es, den eigenen Atemprozess zu beobachten. Es ist gut, wenn Sie sich dies zur Gewohnheit machen! Ihren Atem haben Sie immer bei sich, und es bieten sich im Alltag unendlich viele Gelegenheiten, um kurz innezuhalten und dem eigenen Atem zu lauschen. Die nachfolgende Übung hilft Ihnen, Ihren Atem ganz bewusst wahrzunehmen.

Übung: Den Atem achtsam beobachten

1 Setzen Sie sich bequem hin – auf den Boden oder auf einen Stuhl. Wichtig ist, dass Ihre Wirbelsäule und Ihr Kopf aufrecht und in entspannter Haltung sind.

2 Legen Sie die Handflächen auf Ihre Knie oder in den Schoß und schließen Sie die Augen oder lassen Sie Ihren Blick auf irgendetwas ruhen.

3 Atmen Sie während der ganzen Übung ohne Anspannung. Lassen Sie das Einatmen und das Ausatmen ruhig fließen.

4 Beobachten Sie einfach Ihren Atem.

5 Zählen Sie jede Einatmung und jede Ausatmung: Einatmen 1, Ausatmen 2, Einatmen 3, Ausatmen 4, Einatmen 5, Ausatmen 6 und so weiter, bis Sie die Zahl 30 erreichen.

6 Wiederholen Sie das, bis Sie sich wirklich auf das Zählen konzentrieren können.

7 Hören Sie dann mit dem Zählen auf und beobachten Sie den ein- und ausgehenden Atem. Wenn Ihnen ein Gedanke in den Sinn kommt, schenken Sie ihm keine Aufmerksamkeit und konzentrieren Sie sich weiter auf das Ein- und Ausatmen.

8 Beenden Sie in Ihrer eigenen Zeit die Übung. Öffnen Sie die Augen und lassen Sie den Blick durch den Raum schweifen. Wenn Sie möchten, strecken und recken Sie sich und atmen Sie ganz tief einmal ein und aus.

Diese Übung hilft Ihnen, weitere Aspekte Ihres Atmens bewusst wahrzunehmen.

Übung: Den Atem aus einem anderen Blickwinkel beobachten

1 *Setzen Sie sich bequem hin – auf den Boden oder auf einen Stuhl. Wichtig ist, dass Ihre Wirbelsäule und Ihr Kopf aufrecht und in entspannter Haltung sind.*

2 *Legen Sie die Handflächen auf Ihre Knie oder in den Schoß, schließen Sie die Augen oder lassen Sie den Blick auf irgendetwas ruhen.*

3 *Atmen Sie während der ganzen Übung ohne Anspannung. Lassen Sie das Einatmen und das Ausatmen ganz natürlich und gleichmäßig fließen.*

4 *Beobachten Sie Ihren Atem. Beobachten Sie den Atem, wie er durch Ihre Nase ein- und ausströmt. Lenken Sie Ihre Aufmerksamkeit zu Ihrer Nasenspitze. Stellen Sie sich vor, dass Sie – als Miniaturausgabe Ihres Selbsts – auf Ihrer eigenen Nasenspitze stehen. Sie stehen da und beobachten den Atem, wie er langsam ein- und ausfließt. Und wenn Sie sich auf der Nasenspitze hinsetzen würden, könnten Ihre Beine den Fluss des Atems sogar wie eine zarte Brise spüren. Ein und aus, ein und aus, ein und aus.*

5 *Atmen Sie nun durch die Nase ein und langsam durch den Mund wieder aus. Ein und aus, ein und aus, ein und aus. Lenken Sie Ihre Aufmerksamkeit zu Ihren Lippen. Stellen Sie sich vor, dass Sie – wieder als Miniaturausgabe Ihres Selbsts – auf Ihrer eigenen Oberlippe stehen. Vielleicht amüsiert Sie dieses Bild und Sie lächeln leise in sich hinein. Sie hören und spüren den Atem, wie er sanft ein- und ausfließt und wenn Sie sich leicht nach vorne beugen würden, könnten Sie den Luftstrom Ihres Atems auf Ihren Händen spüren.*

6 *Lenken Sie Ihre Aufmerksamkeit langsam zu Ihrem Brustkorb. Stellen Sie sich vor, dass Sie – als Miniaturausgabe Ihres Selbsts – auf dem unteren Teil Ihres Brustbeins stehen. Sie stehen da und spüren, wie sich unter Ihren Füßen der Brustkorb langsam hebt und senkt. Und wenn Sie sich hier hinlegen würden, würden Sie das Gefühl bekommen, dass Sie behutsam – wie auf einer Sänfte – hin- und hergeschaukelt werden.*

7 *Nun lenken Sie Ihre Aufmerksamkeit zu Ihrem Bauch. Atmen Sie langsam in Ihren Bauch hinein und von dort wieder aus. Stellen Sie sich vor, dass Sie – als Miniaturausgabe Ihres Selbsts – in Ihrem eigenen Bauchnabel Platz genommen haben. Es ist ein ganz bequemer, weicher Ort, wie für Sie geschaffen. Geschützt, warm, wohlig. Lassen Sie sich ruhig Zeit, diesen warmen Platz immer intensiver*

zu spüren. Aufmerksam spüren Sie auch, wie die Bauchdecke um Sie herum sich mit jedem Atemzug langsam hebt und senkt.

8 *Sie können Ihre Aufmerksamkeit jederzeit dorthin lenken, wo Sie möchten. Indem Sie aufmerksam Ihren Atem beobachten, schenken Sie sich eine innere Rückzugsmöglichkeit.*

9 *Und wenn es für Sie stimmig ist, kehren Sie ganz allmählich zurück in die aktuelle Wirklichkeit. Zurück zu Ihrem Alltagsbewusstsein. Dort, wo Ihre Füße den Boden berühren; dort, wo Sie Ihre Augen wieder öffnen. Lassen Sie sich Zeit. Lassen Sie alles in Ihrem eigenen Tempo geschehen.*

Diese Übung hilft Ihnen, das Kommen und Gehen Ihrer Gedanken zu beobachten.

Die Übung „Der Film in meinem Kopf" ist eine kraftvolle Meditationstechnik. Wenn sie neu ist für Sie, empfehle ich Ihnen, dass Sie in kleinen Schritten damit beginnen und regelmäßig üben. Fangen Sie mit täglich fünf Minuten in der ersten Woche an und verlängern Sie die Übung um jeweils eine Minute pro Woche, bis Sie in der Lage sind, zehn Minuten lang Ihre Gedanken zu beobachten.

Übung: Der Film in meinem Kopf

1 *Setzen Sie sich bequem hin – auf den Boden oder auf einen Stuhl. Wichtig ist, dass Ihre Wirbelsäule und Ihr Kopf aufrecht und in entspannter Haltung sind.*

2 *Legen Sie die Handflächen auf Ihre Knie oder in den Schoß und schließen Sie die Augen oder lassen Sie den Blick auf irgendetwas ruhen.*

3 *Atmen Sie während der ganzen Übung ohne Anspannung. Lassen Sie das Einatmen oder Ausatmen einfach ruhig fließen.*

4 *Beobachten Sie all die Gedanken, Wünsche, Fantasien, Bilder, die Ihr Verstand produziert. Mit einer möglichst neutralen Haltung – soweit Ihnen das möglich ist.*

5 *Stellen Sie sich vor, dass das, was gerade vor Ihrem geistigen Auge in Ihrem Kopf abläuft, auf einer Filmleinwand stattfindet. Sie schauen gerade diesen Film an. Sie stehen als Kameramann oder Kamerafrau hinter einer großen Filmkamera und filmen die Szene. Das, was Sie auf der Leinwand betrachten oder mit der Kamera*

filmen, ist weder gut noch schlecht, es ist neutral. Beobachten Sie jeden einzelnen Gedanken, jeden Wunsch, jede Fantasie und jedes Bild mit Aufmerksamkeit und sagen Sie sich: „Ich bin nicht dieser Gedanke, dieser Wunsch, diese Fantasie, dieses Bild. Ich bin lediglich ein Beobachter, ein Zeuge".

6 *Und wenn es für Sie stimmig ist, verlassen Sie langsam Ihren Platz hinter der Filmkamera und finden von dort aus den Weg wieder hierher, auf den Boden oder auf den Stuhl, wo Sie gerade sitzen.*

7 *Kehren Sie in Ihrem eigenen Tempo in die aktuelle Wirklichkeit zurück, öffnen Sie allmählich die Augen und atmen Sie noch einmal tief ein und aus.*

Wenn Sie nach einer Weile etwas geübter im „Gedankenbeobachten" sind, können Sie sich folgende Fragen stellen:

- Was sind das für Gedanken, Wünsche, Fantasien, Bilder, die ich auf der Leinwand sehe?
- Wie fühle ich mich bei solchen Gedanken, Wünschen, Fantasien, Bildern?
- Kann ich bei solchen Gedanken, Wünschen, Fantasien, Bildern neutral bleiben?
- Wenn ich meine Gedanken, Wünsche, Fantasien, Bilder in zwei Kategorien aufteilen würde – nämlich „Gedanken, die mich schwächen" und „Gedanken, die mich stärken", was würde ich bei den einzelnen Gedanken spontan antworten?
- Wenn ich meine Gedanken, Wünsche, Fantasien, Bilder in drei Kategorien aufteile– nämlich „Gedanken, die aus der Vergangenheit kommen" , „Gedanken, die aus der Gegenwart kommen" und „Gedanken, die aus der Zukunft kommen" – mit welcher Gedankenkategorie bin ich dann am stärksten oder am häufigsten beschäftigt?
- Wie ist mein innerer Gedanken-Kompass ausgerichtet? Habe ich überwiegend positive oder negative Gedanken?

Toolbox Nr. 2: Entspannung und Meditation

Angst und Entspannung können nicht nebeneinander existieren, denn sie widersprechen einander.

(Daniel Wilk)[29]

Viele Menschen, die zu mir kommen, kommen in den Abendstunden nach Büroschluss. Sie sind vom Tagesgeschehen abgekämpft und zunächst haben sie verständlicherweise wenig Energie und Kraft, sich auf einen Coaching-Prozess einzulassen. Ich sorge dafür, dass sie erst einmal ausreichend Wasser oder Tee trinken, und biete folgende Übungen zum „Ankommen" und zum Entspannen an:

Hook-Up-Übung zur Energiekorrektur

Diese Übung stammt aus der Angewandten Kinesiologie und hilft, den Energiefluss sowohl zwischen den beiden Gehirnhälften, zwischen der rechten und linken Körperseite als auch zwischen Gehirn und Körper auszugleichen. Sie wirkt dadurch kräftesammelnd und konzentrationsfördernd. Wir finden zu unserer Mitte zurück.

So geht es: Setzen Sie sich bequem auf einen Stuhl. Kreuzen Sie Ihre Beine in Höhe der Fußknöchel, und zwar das rechte Bein über das linke Bein. Strecken Sie Ihre Arme nach vorne aus, drehen Sie die Handinnenflächen nach außen, überkreuzen Sie die Arme und falten Sie die Finger ineinander, so dass Ihre Daumen nach unten zeigen. Drehen Sie die verschränkten Hände so zum Körper hin, dass Ihre gefalteten Hände auf Ihrem Brustbein liegen (siehe Abbildung). Legen Sie Ihre Zunge hinter den Zähnen an Ihren Gaumen. Bleiben Sie etwa 2 Minuten lang mit geschlossenen Augen in dieser Position und atmen Sie tief ein und aus.

Stellen Sie dann die Füße wieder nebeneinander und legen Sie Ihre Hände für einen Moment auf Ihre Oberschenkel.

Auf der Stelle gehen

Gehen Sie langsam ca. 1 Minute lang auf der Stelle. Lassen Sie die Arme frei aus den Schultern heraus schwingen – nicht nur von den Ellenbogen abwärts.

Diese Übung können Sie sowohl drinnen – am besten bei geöffnetem Fenster – als auch draußen machen. Eine angenehme Variante ist das Spazierengehen an der frischen Luft mit frei schwingenden Armen – da fühlen sich Ihr Körper und Geist sehr wohl! Probieren Sie es bei nächster Gelegenheit einmal aus, vielleicht auf Ihrem nächsten Nachhauseweg am Feierabend?

Überkreuzbewegungen

In der nächsten Übung aus der Kinesiologie verbinden Sie das Auf-der-Stelle-Gehen mit Überkreuzbewegungen. Überkreuzbewegungen sind absichtliche Bewegungen und hervorragend geeignet für die Aktivierung des gesamten Körper-Geist-Systems *vor* körperlichen oder geistigen Tätigkeiten. Sie aktivieren das ganze Gehirn, fördern die Kommunikation zwischen der rechten und der linken Gehirnhälfte, da die linke Gehirnhälfte die rechte Körperseite steuert und umgekehrt. Bei regelmäßiger Anwendung regt sie die Entwicklung neuronaler Netzwerke zwischen den beiden Gehirnhälften an.

Sie brauchen sich nicht unter Leistungsdruck bringen: Die Überkreuzbewegungen sind wirkungsvoller, wenn sie *langsam und bewusst* ausgeführt werden.

So geht es: Gehen Sie auf der Stelle, ziehen Sie die Knie dabei ein wenig höher als bei einem normalen Gehen. Wenn das rechte Knie oben ist, berühren Sie es mit dem linken Ellenbogen, wenn das linke Knie oben ist, berühren Sie dieses mit dem rechten Ellenbogen. Und so weiter, etwa 2 bis 3 Minuten lang.

Die liegende Acht mit den Augen malen

Diese Übung können Sie fast jederzeit und überall machen, da Sie dafür nur Ihre Augen und einen Arm zu bewegen brauchen. Sie unterstützt ebenso das Zusammenspiel der rechten und linken Gehirnhälfte. Daneben ist es eine einfache Übung, mit der Sie Ihre Augen entspannen können – ideal, wenn Sie viel am Bildschirm arbeiten.

So geht es: Strecken Sie einen Arm in Schulterhöhe vor der Mitte Ihres Körpers aus und zeichnen Sie langsam und ohne Unterbrechung mit einer Hand eine liegende Acht, die so groß wie möglich sein soll, in die Luft. Beginnen Sie an der Schnittstelle, wo sich die Kreise der Acht treffen. Dann zeichnen Sie aufwärts hinüber zur linken Seite, dann im Bogen zurück zur Mitte und weiter zur rechten Seite. Zeichnen Sie 3 Achten mit einer Hand und 3 weitere mit der anderen Hand. Nur Ihre Augen sollen der Acht ruhig folgen, Kopf oder Körper drehen sich nicht mit.

PPB-Übung – Positive Punkte berühren

Brauchen Sie eine neue Idee, wollen Sie Ihre Kreativität anregen oder möchten Sie sich kurz entspannen? Diese Übung eignet sich hervorragend für den Büroalltag.

So geht es: Schließen Sie die Augen. Legen Sie die Fingerspitzen auf die Stirn, jeweils oberhalb der Augen, und erspüren Sie Ihre Stirnbeinhöcker. (Diese befinden sich über der Mitte der Augen zwischen den Augenbrauen und dem Haaransatz.) Berühren Sie diese Stelle einige Minuten sanft mit Ihren Fingern. Die Berührung der Stirn an diesen Punkten wirkt entspannend und regt die Blutzufuhr zum Vorderhirn an, dem Bereich des Gehirns, der für neue Ideen und Erkenntnisse zuständig ist. Dies ist die Stelle, wo uns „ein Licht aufgeht"!

Stillsitzen und lächeln

Haben Sie schon einmal beobachtet, wie Sie sich fühlen, wenn Sie lächeln? Und wie fühlen Sie sich, wenn Sie ein finsteres Gesicht machen? Experimentieren Sie einmal damit! Setzen Sie sich an einen ruhigen Ort, an dem Sie allein sind und für die nächste Viertelstunde nicht gestört werden können. Schließen Sie die Augen. Lächeln Sie und spüren Sie dabei in Ihren Körper hinein. Dann wechseln Sie Ihren Gesichtsausdruck und schauen so finster und traurig, wie Sie nur können (Mundwinkel nach unten, Sorgenfalten ...), und spüren wieder in sich hinein. Merken Sie einen Unterschied?

Das Lächeln allein bewirkt nicht nur Wunder in zwischenmenschlichen Beziehungen, Lächeln verursacht physiologische Veränderungen, die Glücksgefühle produzieren. Das Gefühl des Wohlbefindens stellt sich ein, weil beim Lachen biochemische Prozesse im limbischen System (Zentrum für Gefühle) des Gehirns ablaufen, die zur Ausschüttung von Endorphinen (Glückshormonen) führen, die schließlich in die Blutbahn gelangen. Wir merken rasch die Auswirkung der Hormone: Unsere Stimmung steigt. Gleichzeitig wird die Ausschüttung von Adrenalin (Stresshormon) unterdrückt – eine Nebenwirkung bei der Freisetzung von Endorphinen. Ähnliches geschieht, wenn wir ein ernstes, finsteres oder böses Gesicht machen: Wir bekommen die Quittung in Form von schlechten Gefühlen.

Schenken Sie sich also einfach Entspannung, Ruhe und Freude, indem Sie lächeln! Es ist eine sehr einfache, angenehme und überaus effektive Übung zum Loslassen von Ärger und Stress.

Ich wende sie auch selbst immer wieder an. Ob ich im Auto sitze oder in der Bahn, ob ich im Büro bin oder zu Hause – überall, wo es die Gelegenheit gibt, sitze ich einfach eine Weile still und lächle. Erstaunlich ist, wie schnell die kleinen Ärgernisse oder Frustrationen des Alltags von mir abfallen. Meine Stimmung bessert sich merklich.

Thich Nhat Hanh, der buddhistischer Mönch, Schriftsteller, Lyriker und Zenmeister aus Vietnam schreibt hierzu: „Es gibt sicher Momente", in denen „ein Gefühl der Freude Euch spontan zum Lächeln bringt. Vielleicht kennt Ihr aber auch Momente, da ein Lächeln, das Ihr bewusst hervorbringt, innere Entspannung, Ruhe und Freude zur Folge hat. Ich warte jedenfalls nicht ab, bis ein Gefühl von Freude in mir ein Lächeln hervorruft; Freude mag später kommen. Manchmal, wenn ich nachts allein in meinem Zimmer bin, lächle ich mir selbst zu. Ich tue dies in der Absicht, mir selbst freundliche Zuneigung zu schenken, gut für mich selbst zu sorgen, mich selbst zu lieben." [30]

Übung: Stillsitzen und lächeln

1 Setzen Sie sich bequem hin, so dass beide Füße nebeneinander auf dem Boden stehen. Legen Sie die Hände in den Schoß oder auf Ihre Oberschenkel.

2 Atmen Sie ganz langsam durch die Nase ein und aus. Schließen Sie – wenn Sie möchten – Ihre Augen. Spüren Sie Ihren Atem, wie er ein- und ausfließt, ganz von alleine. Mit jedem Ausatmen lassen Sie jegliche Verspannung los.

3 Stellen Sie sich vor, dass mit jedem Ausatmen die Verspannung durch Ihre Nase fließt, verfliegt und sich auflöst. Mit jedem Einatmen fließt frische Luft und Entspannung durch Ihre Nase in Sie hinein.

4 Lassen Sie Ihr Gesicht ganz entspannt werden, atmen Sie bewusst hinein in Ihre Stirn, in Ihre Augen, Ihre Nase, Ihre Lippen, Ihr Kinn. Lächeln Sie ganz zart und atmen Sie weiter ganz langsam ein und aus. Mit der frischen Luft, die Sie einatmen, schenken Sie Ihrem zarten Lächeln noch mehr Energie.

5 Lassen Sie Ihr Lächeln noch stärker werden und atmen Sie weiter, ganz langsam. Spüren Sie, wie sich allmählich ein Gefühl der Ruhe in Ihnen ausbreitet.

6 Lassen Sie Ihr Lächeln noch stärker werden, ganz so, wie es für Sie stimmig ist. Genießen Sie die Ruhe, den Frieden, die Entspannung und die aufkommende Freude.

7 Atmen Sie langsam ein und aus. Lächeln Sie sich zu. So lange wie Sie mögen. Schenken Sie sich dieses Lächeln, es ist ganz für Sie da. Lächeln Sie! Lächeln Sie!

8 Beenden Sie nun langsam die Übung. Öffnen Sie Ihre Augen und nehmen Sie Ihre Stimmung wahr. Vergessen Sie bitte nicht, sich immer wieder ein Lächeln zu schenken.

Meditatives Gehen

Auch einen Spaziergang an der frischen Luft können Sie nutzen, um zu entspannen und zu meditieren. Vielleicht stellen Sie fest, dass Sie zunächst Ihr Tempo ein wenig oder sogar drastisch reduzieren müssen, während Sie in der Natur unterwegs sind. Es genügt, wenn Sie während eines „gewöhnlichen" Spaziergangs für die Dauer von etwa 10 oder 15 Minuten ganz bewusst Ihre Schritte aufmerksam wahrnehmen. Sie werden sehen, dass es Ihnen mit ein wenig Übung immer leichter gelingt, für eine Weile vollkommen im gegenwärtigen Augenblick zu sein. Und vielleicht entdecken Sie, wie wunderschön dieser Augenblick ist.

Meditativer Spaziergang

Nehmen Sie sich vor, zunächst wie gewohnt spazieren zu gehen. Möglicherweise fahren Sie erst ein Stück mit dem Auto oder mit dem Fahrrad, weil Sie in einem besonders schönen Wald oder Park oder in Ihrer Lieblingslandschaft spazieren möchten. Oder Sie haben selbst einen schönen, großen Garten mit Rasen, wo Sie – wenn es für Sie stimmig ist – eine Weile barfuß laufen können.

Wo immer Sie es für richtig und angenehm halten, können Sie diese schöne Übung ganz bewusst einige Minuten lang machen.

Gehen Sie los, ganz wie gewohnt. Vielleicht schauen Sie sich in dem Wald oder dem Park oder der Landschaft erst einmal um. Vielleicht nehmen Sie die frische Luft in Ihrer Nase wahr. Rings um Sie herum sehen Sie die ganz besondere Vielfalt der Natur. Nach und nach können Sie ganz bewusst Ihr Tempo verlangsamen, so dass Sie jeden Schritt auf dem Boden ganz bewusst spüren. Sie spüren, wie Sie mit der Ferse langsam und sanft auftreten und den Fuß bis zu den Zehen langsam abrollen. Sie nehmen dabei die Beschaffenheit des Bodens mit jedem Schritt wahr. Vielleicht ist der Boden, auf dem Sie gerade gehen, weich und Sie sinken ein wenig ein, bevor Sie Ihren Fuß heben und den nächsten Schritt tun. Oder der Boden ist hart und Sie spüren die Steine, das Geröll oder kleine, trockene Äste unter Ihren Füßen.

Und wenn Sie genau hinhören, nehmen Sie auch Geräusche wahr. Raschelt das von den Bäumen gefallene Laub unter Ihren Füßen? Oder bricht ein Ästchen unter Ihrem Schuh? Können Sie noch etwas anderes hören? Vogelgezwitscher oder das Summen der Bienen? Vielleicht ist ein kleiner Bach in der Nähe und Sie hören das Wasser plätschern.

Wenn Sie Ihre Umgebung jetzt genau ansehen, sehen Sie viel mehr, als Sie sonst gesehen haben. Vielleicht ist es ein Baum, der Ihre Aufmerksamkeit anzieht. Und Sie haben diesen Baum noch nie so genau betrachtet. Sie entdecken zum ersten Mal seine volle Schönheit, seine Würde und seine natürliche Stärke. Sie sind noch nie so langsam und bewusst diesen Weg entlang gelaufen. Sie haben noch nie so aufmerksam und bewusst gerade diesen Baum betrachtet.

Oder es ist der Wegrand, der mit Gras, Büschen und Blumen gesäumt ist, der Sie in diesem Moment anspricht und fasziniert. Indem Sie ohne Eile und achtsam Ihren Weg beschreiten, entdecken Sie einen Mikrokosmos voller Leben unter Ihren Füßen. Und vielleicht ist es sehr, sehr lange her, dass Sie sich mit so viel Aufmerksamkeit einem Mikrokosmos dieser Art gewidmet haben.

Vielleicht merken Sie auch, dass, je länger Sie laufen, jeder Ihrer Schritte immer gefühlvoller und bewusster wird. Es ist, als ob Sie mit jedem Schritt ein wenig leichter werden dürfen.

Das Schöne ist, Sie können überall und jederzeit Ihr Tempo verlangsamen und ganz bewusst und aufmerksam Ihren Weg weitergehen. Es muss nicht im Wald sein.

Toolbox Nr. 3: Affirmationen

> *Affirmationen sind notwendig, wenn wir die innere Kraft in uns wecken wollen.*
>
> *(Donald Walters)*[31]

Damit Affirmationen wirksam werden können, müssen sie mit Achtsamkeit, Überzeugung, aufrichtigem Interesse und verbunden mit einem authentischen Wunsch mehrmals wiederholt werden. Wenn Sie sehr achtsam und bewusst die Affirmation wählen, gewinnen Sie Zugang zu Ihrem Unterbewusstsein und zu der Möglichkeit, mit der Zeit Änderungen in Ihren Gewohnheiten, Einstellungen und Reaktionen herbeizuführen. Und darin liegt die eigentliche Arbeit: Nämlich eine Zielanweisung für das Unterbewusstsein zu finden, die ohne Einschränkung angenommen werden kann, die keinen Zweifel aufwirft und mit der das Unterbewusstsein fortan „arbeiten" kann.

Das Lesen oder Sprechen einer Affirmation löst eine Reaktion in Ihrer Gefühlswelt aus. Es ist sehr wichtig, dass Sie Ihrem inneren Gefühlsbarometer in diesem Moment Vertrauen schenken. Eine für Sie stimmige Affirmation erkennen Sie daran, dass Sie beim Aufsagen oder beim Lesen ein uneingeschränkt gutes Gefühl haben. Sie sagen innerlich „Ja" dazu und halten die Aussage für tatsächlich möglich.

Für viele Menschen ist es erforderlich, eine Affirmation langsam und schrittweise zu entwickeln. Für jemanden, der sehr lange eine sabotierende Kernüberzeugung in sich trägt (wie der Vertriebsmitarbeiter auf Seite 117), die mit Wertlosigkeit oder Misserfolg zusammenhängt, ist der sofortige Schritt zu einer pauschalen Affirmation wie: „Ich bin wertvoll", „Ich bin attraktiv" oder „Ich bin erfolgreich" schlichtweg zu groß.

Ich habe deshalb ein Vorgehen in 3 Schritten entwickelt, wie Sie zu einer positiven und stimmigen Affirmation kommen: die R-Z-A-Methode.

Ressourcen bilden (mit Hilfe der Wunderfrage)

Zielzustand identifizieren (Affirmation formulieren)

Attraktiv gestalten (über verschiedene Varianten die optimale Affirmation finden)

Die Wunderfrage ist eine Methode aus der Systemischen Therapie, die Steve de Shazer gemeinsam mit Insoo Kim Berg vor etwa dreißig Jahren für die lösungsorientierte Kurzzeitberatung entwickelt hat. Der Fokus dieser Fragestellung liegt stets auf der Lösung und nicht auf dem Problem: Die Frage zielt darauf, die Ressourcen aufzudecken, und hat die Zukunft sowie konkret machbare Handlungsmöglichkeiten im Blick.

Bei Karsten, der bereits längere Zeit arbeitslos war, kam in der ersten Sitzung folgende sabotierende Kernüberzeugung ans Licht: „Ich bin zu alt." Er war sehr niedergeschlagen und konnte keinerlei Vorstellungen über einen anzustrebenden Zielzustand entwickeln. Er blieb in der für ihn scheinbaren Ausweglosigkeit seiner Situation regelrecht stecken. Ich entschied mich, Karsten die Gelegenheit zu geben, sich in eine Situation in der Zukunft hineinzudenken, in der das Problem bereits in irgendeiner Form gelöst war.

Nach der Hook-Up-Übung (Toolbox Nr. 2, Seite 130) bat ich Karsten, seine Augen zu schließen. Dann stellte ich ihm langsam, mit ruhiger Stimme und den entsprechenden Pausen die folgende „Wunderfrage":

„Ich möchte Ihnen jetzt eine ungewöhnliche, vielleicht seltsame Frage stellen. Stellen Sie sich bitte Folgendes vor: Nachdem Sie hier fertig sind, gehen Sie nach Hause. Sie unternehmen das, was Sie für diesen Nachmittag geplant haben. Sie essen irgendwann zu Abend, trinken noch etwas, vielleicht lesen Sie ein Buch oder eine Zeitung. Irgendwann sind Sie dann müde und schläfrig. Sie begeben sich auf Ihre Weise zur Ruhe. Sie legen sich wie immer ins Bett und schlafen irgendwann ein. Und während Sie heute Nacht schlafen und es ganz ruhig ist, geschieht ein Wunder. Das Wunder besteht darin, dass das Problem, das Sie hierher geführt hat, gelöst ist. Einfach so, vollständig gelöst. Sie wissen nicht, dass das Wunder geschehen ist, weil Sie ja schlafen. Es sagt Ihnen auch niemand, dass ein Wunder geschehen ist.

Wenn Sie also morgen früh aufwachen, was wird dann anders sein? Woran merken Sie, dass ein Wunder geschehen ist und dass das Problem, das Sie hierher geführt hat, vollkommen gelöst ist?

Wie werden Sie anfangen zu entdecken, dass über Nacht, während Sie geschlafen haben, wirklich ein Wunder geschehen ist? Was ist anders, wenn Sie aufwachen? Wer außer Ihnen würde es auch noch merken? Woran würde er es bei Ihnen merken? Wie reagieren andere darauf? Würden Sie dem zustimmen, was sich geändert hat?"

Die Wunderfrage machte es Karsten möglich, sich wie früher als kraftvolle und erfahrene Führungspersönlichkeit mit vielen Ressourcen zu sehen. Er hat sich durch die Wunderfrage und durch weitere Fragen in ein „Futur Perfekt" hineindenken können – also in den Zustand des bereits gelösten Problems. Er hatte wieder den Zugang zu seinen eigenen Ressourcen bekommen.

Ich fragte ihn sehr detailliert, wie er sich verhalten würde, was er dann tun würde, was er jetzt nicht täte. Schließlich gelang es ihm, zunächst detailliert einen Zielzustand zu beschreiben, den er erreichen wollte. Daraufhin war er auch in der Lage, die für ihn stimmige positive Affirmation zu formulieren:

> ***Ich setze meine berufliche Erfahrung, meine Qualifikationen, meine Reife und meine Persönlichkeit erfolgreich für mich ein.***

Er schrieb sich die Affirmation auf und wiederholte sie in den nächsten 7 oder 10 Tagen täglich. Er entwickelte seine Affirmation noch weiter, in dem er andere Variante mit dem gewünschten Zielzustand verband:

> ***Mir gefällt die Vorstellung, dass ich als Interimsmanager verschiedene Unternehmen unterstützen kann.***

Außerdem hatte er sich vorgenommen, sehr achtsam mit seinen Gedanken umzugehen. Jedes Mal, wenn er einen „Rückfall" in alte Denkweisen wahrnehmen würde, wollte er sich – wie mit einem Kompass – gedanklich neu ausrichten und dabei die Affirmation zur Hilfe nehmen. Später berichtete er, dass allein die Bewusstwerdung seiner Gedankenwahl ihn in dieser Phase sehr unterstützt hat.

Dadurch, dass sich Karsten so weit öffnete, bekam er nicht nur wieder Zugang zu seinen Ressourcen, sondern er erkannte auch, dass er sich selbst überhaupt anders – sehr viel positiver! – sehen und annehmen durfte. In den Folgesitzungen war es ihm möglich, eine berufliche Perspektive im Bereich des Interimsmanagements zu entwickeln, wo er übrigens heute noch erfolgreich und gerne tätig ist.

Affirmationen bilden

Wie können Sie zu Hause selbst positive und glaubhafte Affirmationen für sich bilden?

Wenn Ihre sabotierende Kernüberzeugung beispielsweise „Ich bin nicht gut genug" lautet, dann könnte es sinnvoll sein, diese noch sehr generelle oder pauschale Aussage in einzelne Teile zu zerlegen.

Sie könnten sich fragen:

> ***Wofür*** *bin ich nicht gut genug?*
>
> ***Für wen*** *bin ich nicht gut genug?*
>
> ***Wann*** *bin ich nicht gut genug?*
>
> ***Wobei*** *bin ich nicht gut genug?*

Und dann notieren Sie sich die Antworten, die Ihnen spontan in den Sinn kommen:

Für so eine Frau wie ich sie will

Ein Buch zu schreiben das anderen hilft

beispielsweise:

> *Für die Liebe!*
>
> *Für die Eltern meines neuen Freundes!*
>
> *Für den Job, den ich haben will!*
>
> *Für das Hobby, von dem ich schon so lange träume!*
>
> *Immer, wenn ich was Neues machen muss!*
>
> *Bei Gehaltsverhandlungen mit meinem Chef!*

Danach formulieren Sie die Antworten am besten so genau wie möglich in ganzen Sätzen:

Ich bin nicht gut genug für die Frau meiner Träume
Ich bin nicht gut genug andere zu mehr Selbstbewusstsein zu coachen

beispielsweise:

Ich bin nicht gut genug für die Geschwister meines Partners.

Ich bin nicht gut genug für die neue Stelle, in der ich Führungsverantwortung übernehmen werde.

Ich bin nicht gut genug, um im Tennisclub Mitglied zu sein.

Ich kann nicht gut genug kochen, um Gäste zum Essen einzuladen.

Ich bin nicht gut genug für eine glückliche Beziehung.

Ich bin nicht gut genug im Verhandeln.

Als Nächstes formulieren Sie Ihre erste Affirmation – ebenfalls so exakt und beschreibend wie möglich.

Ich bin bereit, mich gut genug zu fühlen für die Frau meiner Träume. Ich gebe mir die Erlaubnis, mich gut genug zu fühlen ein Buch zu schreiben.

beispielsweise:

Ich bin bereit, mich gut genug zu fühlen für die Geschwister meines Partners.

Ich erlaube mir in kleinen Schritten, mich gut genug zu fühlen für die neue Stelle, bei der ich mehr Führungsverantwortung übernehme.

Ich gehe den ersten Schritt, mich gut genug zu fühlen für den Tennisclub.

Ich entscheide mich für das Gefühl, gut genug kochen zu können.

Ich gebe mir die Erlaubnis, mich gut genug für … zu fühlen.

Ich verdiene es, jetzt gut genug zu sein für …

Ich bin auf dem besten Weg, ein guter Verhandlungspartner zu sein.

Angenommen, Ihre positive Affirmation lautet:

Ich erlaube mir in kleinen Schritten, mich für die neue Stelle gut genug zu fühlen.

Dann können Sie als Nächstes Ihre Affirmation weiterentwickeln und beispielsweise wie folgt beginnen lassen.

Es bestärkt mich zu wissen, dass ...

Es ist für mich stimmig, wenn ...

Mich beflügelt die Vorstellung, ...

Ich entscheide mich, ...

Ich sehe mich gern als ...

Es bestärkt mich zu wissen, dass ich gut genug für die Frau meiner Träume bin. Es bestärkt mich zu wissen dass ich gut genug bin ein Buch zu schreiben.

Ihre ausformulierten Beispiele könnten schließlich so aussehen:

Ich entscheide mich, in meiner neuen Stelle gut für mich zu sorgen.

Es ist für mich stimmig, wenn meine neue Stelle mich fordert, aber nicht überfordert.

Es bestärkt mich zu wissen, dass ich neue und teamfähige Kollegen und Kolleginnen habe.

Mich beflügelt die Vorstellung, mich einer neuen Aufgabe zu widmen.

Ich sehe mich gern als neues Teammitglied, das mit anpackt.

Achten Sie bei der Formulierung Ihrer Affirmation darauf, dass sie den Zustand ausdrückt, den Sie sich tatsächlich wünschen – und in dem Sie sich tatsächlich „sehen" können. Ratsam ist es auch, dass Ihre Affirmation nicht zu lang sind, damit Sie sie sich leicht merken können.

Wiederholen Sie innerlich Ihre Affirmation, wann immer Sie nicht gerade intensiv mit etwas anderem beschäftigt sind – zum Beispiel, wenn Sie an der

Supermarktkasse Schlange stehen oder im Bus oder der U-Bahn auf dem Weg zur Arbeit. Nutzen Sie diese „leeren“ Zeiten!

In einem nächsten Schritt können Sie Ihre Affirmation noch stärker formulieren:

Ich bin gut genug & genau richtig für die Frau meiner Träume. Ich weiß das ich gut genug & genau der richtige dafür bin, ein Buch zu schreiben.

beispielsweise:

> *Ich bin gut genug und genau richtig für die Geschwister meines Partners.*
>
> *Ich bin gut genug und genau richtig für die neue Stelle, in der ich mehr Führungsverantwortung habe.*
>
> *Ich erlaube mir, mich für das Tennisspielen im Club gut genug zu fühlen.*
>
> *Ich weiß, dass ich jetzt gut genug und genau richtig bin für …*
>
> *Es ist ein tolles Gefühl, eine gute Köchin zu sein.*
>
> *Ich bin ein guter Verhandlungspartner.*

Und dann: Lassen Sie sich von der Kraft und Macht Ihrer glaubhaften Affirmationen überraschen!

Affirmationen lassen sich generell sehr leicht in den Alltag integrieren. Beginnen Sie jeden Tag, bevor Sie aufstehen, mit einer neuen Affirmation oder setzen Sie zum Beispiel vor Beginn Ihrer Arbeit eine Affirmation als positive geistige Absicht.

Sie können Affirmationen für jeden Bereich Ihres Lebens finden und Ihrer Kreativität sind keinerlei Grenzen gesetzt. Hier sind einige Beispiele:

Affirmationen für Ihre Gesundheit

Was denken Sie und was sagen Sie anderen, wenn Sie merken, dass eine Erkältung im Anflug ist? Reden oder denken Sie sich krank? Nach dem Motto: „Mein Hals kratzt, ich kriege bestimmt eine Erkältung", „Schon wieder musste ich niesen, ich wette, ich habe mich erkältet", „Du Schatz, ich fröstele, ich glaube, ich werde krank". Probieren Sie das nächste Mal etwas Neues aus! Sprechen Sie mit anderen nicht über die „Symptome" der nahenden Krankheit. Sagen Sie sich nicht selbst Sätze wie: „Ich werde bestimmt krank." Stattdessen sagen Sie sich immer wieder, wie stark Ihr Körper ist, dass er ein gutes Immunsystem hat, dass er sich selbst gut schützen kann. Beschäftigen Sie sich außerdem bewusst mit Dingen, die Ihnen Freude machen, und lassen Sie „krankmachende" Gedanken einfach vorbeiziehen wie Wolken am Himmel. Natürlich könnte es sein, dass Sie eine Erkältung bekommen. Es kann aber auch sein, dass Sie eine Erkältung mit Affirmationen erfolgreich abwehren.

Jede Zelle meines Körpers ist gesund und voller Energie.

Ich sorge gut für meinen Körper, meinen Geist und meine Seele.

Mein Körper besitzt starke Selbstheilungskräfte.

Affirmationen für Ihren Beruf

Ich schätze meine Arbeit und mein Arbeitgeber schätzt mich.

Ich habe Erfolg in meinen Job.

Ich verstehe mich gut mit meinen Kollegen.

Ich respektiere meinen Chef und er respektiert mich.

Affirmationen für Ihre Familie

Meine Kinder sind gesund, glücklich und beschützt.

Mein Sohn/meine Tochter ist erfolgreich und glücklich in seinem/ihrem Beruf.

Meine Eltern lieben mich und ich liebe meine Eltern.

Toolbox Nr. 4: Visualisierungen

Sieh die Dinge, wie Du sie gerne hättest, anstatt wie sie sind.

(Robert Collier)

Das Visualisieren ist eigentlich jedem von uns geläufig, denn wir tun es alle ständig, indem wir uns bestimmte Dinge vor unserem geistigen Auge vorstellen. Als Kinder waren wir oft in Tagträumen versunken, wir haben eine Welt in unserer Vorstellung geschaffen, die mit vielen Details ausgeschmückt war, und oft war es uns möglich, in beiden Welten gleichzeitig zu leben. Genauso verhält es sich mit Visualisierungen.

Um Visualisierungen dafür zu nutzen, sich von einschränkenden Glaubenssätzen und Kernüberzeugungen zu lösen, brauchen Sie letztlich nur Ihre angeborene Fähigkeit wieder zu aktivieren. Es gibt verschiedene Ansätze und Variationen von Visualisierungstechniken. Probieren Sie einfach einige aus, die Sie ansprechen, und bleiben Sie dann bei der Technik, mit der Sie sich am wohlsten fühlen oder die Ihnen am leichtesten fällt.

Vielleicht fällt es Ihnen ganz leicht, bestimmte Situationen oder Ziele mit Hilfe Ihres Vorstellungsvermögens vor Ihrem geistigen Auge zu sehen. Es könnte aber auch sein, dass Sie erst einmal ein wenig üben müssen. Wie dem auch sei: Je mehr Sie üben, umso leichter wird es, denn Ihre Vorstellungskraft wächst bei jedem Mal! Fangen Sie einfach mit der folgenden Übung an.

Einfache Visualisierung: Ihre Umgebung

Wählen Sie irgendeinen Gegenstand aus Ihrem Bad, Ihrer Küche oder Ihrem Wohnzimmer, mit dem Sie das Visualisieren gleich üben wollen. Vielleicht eine Shampooflasche, eine Kaffeetasse oder eine Lampe. Stellen Sie den Gegenstand auf einen leeren Tisch vor sich. Schauen Sie sich den Gegenstand in allen Details an: Größe, Farbe, Form, Lichteinfall, Schatten – alles, was Sie sehen. Prägen Sie sich alle Details ein, zumindest so viele, wie Sie nur können.

Schließen Sie dann Ihre Augen und lassen Sie den Gegenstand vor Ihrem geistigen Auge erscheinen. Können Sie sich an alle Details erinnern oder haben Sie welche vergessen? Wie viele Details sehen Sie? Welche sind es?

Lassen Sie Ihre Augen geschlossen. Denken Sie jetzt an irgendeinen anderen Gegenstand aus Ihrer Wohnung oder Ihrem Haushalt. Welche Details dieses Gegenstands sehen Sie vor sich?

Wenn Sie sicher sind, dass Sie alle Details „gesehen“ haben, öffnen Sie Ihre Augen und gehen zu diesem Gegenstand hin. Kam Ihre Vorstellung dem realen Gegenstand nahe? Welche Details haben Sie gesehen, welche nicht?

Machen Sie sich bitte keine Sorgen, wenn es Ihnen beim erstem Mal nicht so gut gelingt, wie Sie es sich vielleicht gewünscht haben. Dies ist ganz normal. Es lohnt sich wirklich, immer wieder zu üben. Je geübter Sie in Visualisierungstechniken werden, umso effektiver ist deren Wirkung.

Nachfolgend finden Sie einige Visualisierungs-Variationen:

Der Lieblingsplatz zum Entspannen

„Der Lieblingsplatz zum Entspannen“ wirkt mit etwas Übung wie ein Kurzurlaub.

Stellen Sie sich einen Lieblingsort vor, an dem Sie sich gut entspannen können. Der Ort kann real existieren, vielleicht waren Sie tatsächlich einmal dort im Urlaub, oder Sie gestalten diesen Ort in Ihrer Fantasie. Manche Menschen wählen einen einsamen Strand oder einen Platz hoch oben auf einem Berg mit weitem Blick über die Täler. Es gibt keine Regel, Sie können sich Ihren Lieblingsplatz ausmalen und mit so vielen Details schmücken, wie Sie es für gut und richtig halten. Wichtig ist, dass Sie ihn zu einem Ort machen, an dem Sie sich uneingeschränkt aufgehoben, wohl und entspannt fühlen – einem Ort, an dem Sie glücklich sind.

Wählen Sie alle Details, die Sie möchten, um sich Ihren Lieblingsplatz vor Ihrem geistigen Auge zu gestalten. Wenn Ihr Lieblingsplatz der Strand ist, wählen Sie die Farbe und die Beschaffenheit des Sandes, die Farbe des Meeres, die Stärke der Brise, das Geräusch der Wellen und vielleicht der Möwen, die Wärme der Sonne, das Polster des Liegestuhls oder den Stoff der Hängematte. Es ist, als ob Sie ein lebendiges Bild malen. Und in diesem Bild werden Sie nicht gestört, es gibt keine Gefahren, Sie sind hier absolut sicher.

Es ist ein Ort, zu dem Sie stets zurückkehren können, wann immer Sie wollen, und so lange, wie Sie wollen – für zehn oder fünfzehn Minuten, oder natürlich auch länger, wenn es Ihre Zeit erlaubt.

Angenommen, Sie arbeiten an der Transformation einer sabotierenden Überzeugung und haben die folgende oder eine ähnliche Affirmation gebildet:

Ich entscheide mich für das Gefühl, eine gute Köchin zu sein.

Jetzt können Sie experimentieren, wie Ihre Vorstellungskraft reagiert und verschiedene Sinneseindrücke aktivieren, um Ihr Wunschziel mit „Leben“ zu füllen.

Visualisierung mit den 5 Sinnen

Sehen: Stellen Sie sich eine Frischmarkthalle oder einen großen Wochenmarkt vor und gehen Sie an Ständen voller Obst und Gemüse aus aller Herren Länder vorbei. Sehen Sie, wie das Licht von den Dachfenstern oder durch die Sonnenschirme hindurch auf die verschiedenen Apfelsorten fällt und wie diese appetitlich glänzen ...

Hören: Stellen Sie sich vor, wie Sie in Ihrer Traumküche mit Ihrer Familie oder Ihren liebsten Freunden ein gemeinsames Festessen vorbereiten. Sie schneiden frische Lauchstangen, Ihr Mann oder Ihre Freundin raspelt Karotten, jemand Drittes hackt Zwiebeln ...

Riechen: Riechen Sie das frische Brot, das Sie gerade aus Ihrem Backofen geholt haben. Riechen Sie, wie die goldgelbe Kruste duftet, den Hauch von Kümmel ...

Tasten: Berühren Sie das Porzellan, auf dem Sie Ihre Gerichte servieren werden, spüren Sie, wie das Besteck in der Hand liegt, ...

Schmecken: Kosten Sie die Weißweinsoße, die Sie mit Liebe vorbereitet haben ...

Bei den vorherigen Beispielen handelt es sich nur um Anregungen. Wenn Sie selbst noch Zutaten aus Ihrem eigenen Leben hinzufügen wollen – umso besser!

Der innere Experte

Mit Hilfe Ihrer Vorstellungskraft können Sie auch einen „inneren Experten" konsultieren. Sie nehmen Kontakt mit Ihrem Unterbewusstsein Kontakt auf, um von einem „weisen Mann" oder einer „weisen Frau" in Ihnen Antworten auf Ihre Fragen zu erhalten.

Ganz wesentlich für das Gelingen der Übung ist – wie bei allen Übungen, in denen Sie mit Ihrem Unterbewusstsein in Kontakt gehen –, dass Sie sich zuvor in einen tief entspannten Zustand bringen, zum Beispiel mit einer Übung aus der Toolbox Nr. 2 (Seite 130).

Dem inneren Experten begegnen

Und dann machen Sie sich langsam auf den Weg und visualisieren, wie Sie einen Pfad entlanggehen. Unterwegs treffen Sie die weise Persönlichkeit, zum Beispiel eine weise Frau oder einen spirituellen Lehrer.

Wie Sie sich diesen inneren Experten oder die innere Expertin ausmalen, bleibt ganz Ihrer Fantasie überlassen. Es kann sich um eine reale Person handeln, die einmal gelebt hat oder noch lebt, um eine Person, die Sie persönlich kennen, oder eine Person des öffentlichen Lebens. Sie können auch eine Gestalt frei erfinden, die Sie mit allen Eigenschaften und Qualitäten ausstatten, die für die Beantwortung Ihrer Frage erforderlich oder nützlich sind.

Nun stellen Sie ihr oder ihm Ihre Frage. Dann sind Sie still. Sie oder er gibt Ihnen eine Antwort.

Danach öffnen Sie Ihre Augen. Sie werden sehen: Sie haben eine Idee, Intuition oder Lösung für ein Problem erhalten.

Die mentale Generalprobe

Forscher haben herausgefunden, dass das Nervensystem nicht zwischen der Realität und einem lebhaft imaginierten Ereignis (also der bloßen Vorstellung) unterscheidet. Leistungssportler nutzen diese Erkenntnis – wie weiter vorne beschrieben.

Die mentale Generalprobe können Sie einsetzen, um ein bestimmtes Ziel oder Ergebnis zu erreichen. Dafür kreieren Sie nicht nur ein mentales Bild („Foto") des Zielzustands. Sie stellen sich vor, wie Sie selbst agieren. Und zwar unmittelbar vor der Zielerreichung, in der Situation selbst (während Sie das Ziel erreichen) und auch, wie Sie sich danach fühlen und was Sie dann tun usw. Wichtig ist, dass Sie sich die damit einhergehenden Gefühle lebhaft vorstellen. Sie „fühlen" sich richtiggehend in das Ziel hinein.

Die mentale Generalprobe ist – ähnlich wie eine Generalprobe beim Theater – besonders effektiv für Situationen, in denen Sie eine Rede halten oder etwas präsentieren – also irgendwie im „Rampenlicht" stehen. Denn mit dieser Übung studieren Sie nicht nur die Wörter und Sätze Ihrer Rede ein. Sie sehen, erleben und fühlen in Ihrer Vorstellung, wie Sie die Rede erfolgreich halten. Indem Sie so mental Ihren Erfolg vorwegnehmen und erleben, gehen Sie voller Selbstvertrauen in die tatsächliche Situation.

Wenn Ihnen das Visualisieren noch nicht ganz so leicht fällt, oder Sie Ihre Visualisierungsfähigkeiten in Verbindung mit einer mentalen Generalprobe ganz einfach noch weiter verbessern wollen, probieren Sie die folgende Kombination aus. Es handelt sich um die Adaption einer Technik, die Dr. Gallo ursprünglich für Sportler entwickelt hat.

Die mentale Generalprobe mit Visualiserung und Meridianpunktklopfen

Überlegen Sie zunächst, welches Ziel Sie visualisieren möchten. Nehmen wir an, Sie haben gemeinsam mit Ihrem Team eine neue Produktidee entwickelt und wollen diese der Geschäftsleitung präsentieren. Sie möchten sich den erfolgreichen Verlauf und den positiven Ausgang des Gesprächs vorstellen.

Auf der nachfolgenden Abbildung sehen Sie die Punkte AB und JB. Lokalisieren Sie diese Punkte in Ihrem Gesicht und klopfen Sie die Punkte jeweils fünfmal und denken Sie dabei an das bevorstehende Gespräch.

Atmen Sie ein paar Mal tief ein und aus und entspannen sich dabei. Das bewusste Atmen führt dazu, dass Sie ruhiger werden. Lächeln Sie und sprechen Sie leise folgende Affirmation zu sich selbst:

> *Ich erlaube mir, heute einen hervorragenden Eindruck bei meinen Vorgesetzten zu hinterlassen. Ich erlaube mir, heute die neue Produktidee erfolgreich vorzustellen.*

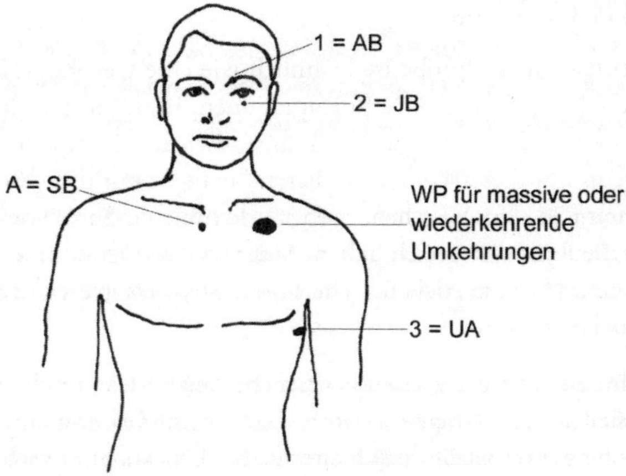

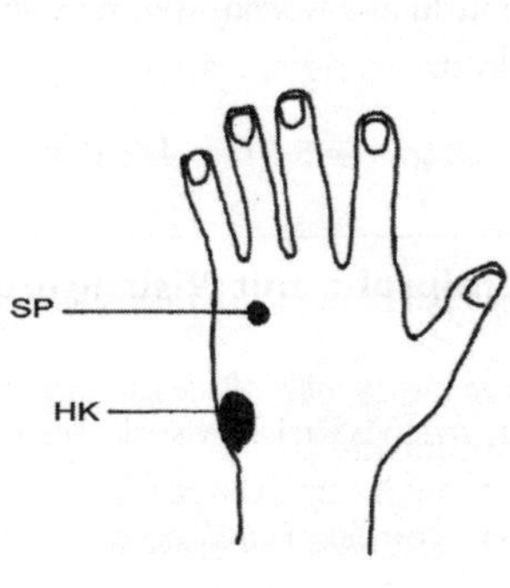

Stellen Sie sich nun in allen Details vor, wie die Präsentation vor der Geschäftsleitung erfolgreich verläuft, beispielsweise so:

Sie sehen, wie Sie den Raum betreten, in dem das Gespräch stattfinden wird. Der Raum ist hell und freundlich, und Sie nehmen Platz an einem Tisch, auf dem bereits ein paar Getränke stehen. Es klopft an der Tür. Ihre Gesprächspartner betreten den Raum. Sie stehen auf und begrüßen sie freundlich. Ihre Gesprächspartner eröffnen die Runde. Sie unterhalten sich angeregt mit ihnen und gehen kompetent und sicher auf ihre Fragen ein. Auch anspruchsvolle und schwierige Fragen beantworten Sie souverän und konzentriert. Sie lassen sich durch nichts aus der Ruhe bringen. Die Präsentation verläuft insgesamt sehr erfolgreich, Sie merken nicht einmal, wie schnell die Zeit verfliegt. Am Ende äußern sich Ihre Gesprächspartner positiv und beglückwünschen Sie zu der exzellenten Idee.

Machen Sie sich keine Sorgen, wenn es Ihnen nicht gleich gelingt, sich Ihr Ziel in solchen Einzelheiten vorzustellen. Manchmal hilft es, das Ziel oder die bevorstehende Situation aufzuschreiben oder aufzumalen, um wichtige Details zu entwickeln.

Wiederholen Sie die Übung mehrmals, und klopfen Sie die Punkte AB und JB jeweils fünfmal, während Sie sich die Situation lebendig vorstellen. Schon nach ein paar Mal wird Ihnen das Visualisieren solch komplexer Situationen leichter fallen.

Noch effektiver ist diese Visualisierungsübung, wenn Sie sie mit einem positiven Gefühl für sich verbinden können. Auch für den Fall, dass Sie nicht auf Anhieb ein positives Gefühl in sich „herstellen“ können, ist es wichtig, dass Sie zumindest eine Vorstellung davon bekommen und dass Sie sich dieses Gefühl tatsächlich erlauben.

Denken Sie an Ihr Ziel und spüren Sie mit Hilfe der folgenden Fragen in sich hinein:

> *Wie werde ich mich fühlen, wenn ich mein Ziel erreicht habe?*
>
> *Welches Gefühl erlaube ich mir? Werde ich stolz sein, glücklich, voller Freude, aufgeregt, zuversichtlich, ...?*
>
> *Wie geht es mir, wenn ich meiner Familie oder meinen Freunden davon erzähle?*

Wie ist meine Körperhaltung, wie ist mein Gesichtsausdruck, wenn ich mein Ziel erreicht habe?

Anhand der nachfolgenden Schritte können Sie Ihre Visualiserungskraft weiter verstärken, um eine etwaige Unsicherheit oder Aufregung vor einem wichtigen Gespräch, wie z. B. eine Gehaltsverhandlung, gut in den Griff zu bekommen.

Schritt 1

Stellen Sie sich vor, Sie haben sich detailliert und eventuell sogar mit professioneller Hilfe auf das Gespräch mit Ihrem Vorgesetzten vorbereitet. Sie haben geübt, Ihre Argumente sachlich und sicher vorzutragen. Etwaigen Einwänden Ihres Vorgesetzten begegnen Sie souverän. Beobachten Sie in Ihrer Vorstellung, wie Ihr Vorgesetzter auf Ihr Vorhaben reagiert. Wie steht er Ihren Argumenten gegenüber? Positiv oder ablehnend? Wenn Sie in Ihrer Vorstellung sehen, dass er für Ihre Argumente nicht zugänglich ist und nicht wohlwollend reagiert, überlegen Sie sich, woran das liegen könnte. Haben Sie Zweifel an Ihrem Erfolg, sind Sie zu unsicher oder zu aufgeregt? Halten Sie einen Moment inne und spüren Sie nach, welche Antwort in Ihnen spontan hochkommt.

Schritt 2

Wenn Ihre Verhandlung vor Ihrem geistigen Auge nicht erfolgreich verläuft, klopfen Sie den HK oder reiben Sie den WP, während Sie dreimal leise oder laut zu sich selbst sagen: *„Ich akzeptiere mich ganz, auch wenn mich meine Unsicherheit und meine Zweifel daran hindern, ein erfolgreiches Ergebnis zu sehen."*

(Selbstverständlich können Sie anstelle von „Unsicherheit" oder „Zweifel" das auf Sie in dieser Situation zutreffende Wort einfügen.)

Schritt 3

Denken Sie wieder an das bevorstehende Gespräch und klopfen Sie die folgenden Punkte jeweils fünfmal.

1. AB
2. JB
3. UA
4. SB

Atmen Sie ein paar Mal tief ein und aus und stellen Sie sich das Gespräch und das Ergebnis nochmals vor.

Gelingt es Ihnen auch dieses Mal nicht, ein erfolgreiches Ergebnis zu sehen, so wiederholen Sie die Schritte 2 und 3. Klopfen Sie jetzt anstelle des Punktes WP den Punkt UN (= unter der Nase), während Sie dreimal zu sich selbst sagen:

> *Ich akzeptiere mich voll und ganz, auch wenn ich mir den Erfolg niemals vorstellen kann.*

Wiederholen Sie dann die Klopfsequenz: 1 – 2 – 3 – 4 dreimal täglich eine Woche lang vor Ihrem wichtigen Gespräch.

Höchstwahrscheinlich gelingt es Ihnen nun, sich optimal auf die bevorstehende Situation vorzubereiten und das erfolgreiche Ergebnis Ihrer Verhandlung zu visualisieren.

Toolbox Nr. 5: Atem, Herz und Affirmation – drei starke Freunde

Bei jedem Atemzug stehen wir vor der Wahl, das Leben zu umarmen oder auf das Glück zu warten.

(Andreas Tenzer)[32]

Bevor Sie mit der Übung beginnen, machen Sie sich bewusst, warum Sie diese Übung machen möchten. Sie können Ihr Ziel oder Ihre Absicht auf einem Blatt Papier aufschreiben und sie vor sich auf den Boden legen oder gleich hier notieren:

....

....

....

Zum Beispiel könnte Ihr Ziel lauten:

*Ich mache diese Übung mit der Absicht, mein Gefühl und meine Überzeugung, **nicht liebenswert zu sein,** loszulassen und zu transformieren.*

Übung: Drei starke Freunde: Der Atem, das Herz, die Affirmation

1. *Setzen Sie sich bequem hin – auf einen Stuhl oder auf den Boden. Achten Sie darauf, dass Ihre Wirbelsäule und Ihr Kopf aufrecht und in entspannter Haltung sind.*
2. *Schließen Sie – wenn Sie möchten – Ihre Augen oder lassen Sie Ihren Blick auf irgendetwas ruhen.*
3. *Atmen Sie eine Weile lang ganz langsam tief ein und aus. Gedanken dürfen kommen und gehen, lassen Sie Ihre Gedanken wie Schmetterlinge an einem Sommertag vorbeiflattern.*
4. *Fokussieren Sie nun Ihre Aufmerksamkeit auf Ihre Herzgegend.*

5 Atmen Sie langsam ein und beim Ausatmen lassen Sie einen tiefen Seufzer los.

6 Legen Sie nun beide Handflächen überkreuz auf Ihre Herzgegend. Atmen Sie langsam ein und aus und spüren Sie, wie sich die Wärme Ihrer Handflächen in Ihrer Herzgegend ausbreitet.

7 Atmen Sie langsam und tief ein und aus.

8 Erlauben Sie bei jedem Einatmen, dass die heilende Herzenskraft sich wie ein Licht in Ihrer Brust- und Herzgegend entfaltet. Stellen Sie sich dieses Licht golden oder weiß vor oder in einer Farbe, die Sie mit Heilung verbinden. Erlauben Sie nun diesem Herzlicht, in Ihre Schultern, Ihre Arme, Ihre Hände und in Ihren Bauch hineinzuströmen.

9 Stellen Sie sich Ihre Herzgegend wie ein breites Fenster vor. Öffnen Sie dieses Fenster, indem Sie Ihre Handflächen von der Herzgegend nehmen und eine Bewegung nach außen machen, als ob Sie tatsächlich ein Fenster öffnen. Legen Sie Ihre Hände in den Schoß.

10 Erlauben Sie dem heilenden Herzlicht von der Herzgegend durch das Fenster hinauszufließen, bis Sie spüren, wie Sie ganz in dieses Licht eingetaucht sind.

11 Rufen Sie sich nun Ihre Absicht in Erinnerung. Was haben Sie aufgeschrieben?

12 Atmen Sie tief ein und aus.

13 Stellen Sie sich vor, wie bei jedem Ausatmen das sabotierende Gefühl und die Überzeugung sich aus jeder Zelle Ihres Körpers löst und getragen vom Herzlicht langsam durch das Fenster hinausfließt, bis nichts mehr davon zu sehen ist.

14 Atmen Sie tief ein und aus und sprechen Sie laut oder leise: „Ich lasse die Vergangenheit los. Meine drei starken Freunde sorgen für mich. Sie sind immer für mich da. Ich bin in meiner Kraft."

15 Legen Sie wieder beide Handflächen überkreuz auf Ihre Herzgegend und stellen Sie sich vor, wie das Herzlicht, das um Sie herum leuchtet, wieder zurück in Ihre Herzgegend fließt. Schließen Sie das Fenster zu Ihrer Herzgegend, indem Sie Ihre Handflächen von der Herzgegend nehmen und eine sanft ausholende Bewegung nach außen und dann nach innen machen, als ob Sie tatsächlich ein Fenster schließen. Legen Sie Ihre Hände in den Schoß.

16 Atmen Sie langsam ein und aus. Öffnen Sie langsam in Ihrem eigenen Tempo Ihre Augen und bleiben Sie einige Minuten still sitzen.

Toolbox Nr. 6: Energetische Übungen

> *Eine energetische Umkehrung hindert uns daran, Lösungen zu erkennen, selbst wenn wir das Wissen dazu haben; sie verhindert auch, dass wir eine Lösung umsetzen, selbst wenn wir die Fähigkeit dazu haben.*
>
> *(Fred P. Gallo)*[33]

Grundsätzlich ist die Methode in ihrer einfachsten Form und so, wie ich sie in der nachfolgenden Übung darstelle, zur Selbsthilfe geeignet. Auch wenn sie leicht zu erlernen ist, ist eine professionelle Unterstützung dabei ratsam, besonders bei schwierigen oder komplexen Themen oder wenn Sie das Gefühl haben, dass Sie allein nicht weiterkommen. Auf der Website von Dr. Gallo (www.energypsych.com) finden Sie unter dem Menüpunkt „Practitioners" eine weltweite Therapeutenliste.

Die NAEM-Methode

Zur NAEM-Methode von Dr. Gallo gehören normalerweise Meridianpunktklopfen, Auflösen einer Psychischen Umkehrung (PU) oder Selbstsabotage, Gehirnbalance und Augenrollen. Sie können jedoch die Methode auch erst einmal kennen lernen, indem Sie nur das Meridianpunktklopfen durchführen.

Die vier wichtigsten NAEM-Meridian-Klopfpunkte sind:

S – Stirn (Drittes Auge)

UN – Unter der Nase
(am unteren Ende der „Furche" zwischen Nase und Oberlippe)

UL – Unter der Lippe
(in der Vertiefung zwischen dem unteren Rand der Unterlippe und dem Kinn)

B – Brust
(auf der Brust und etwas unterhalb der Schlüsselbeinpunkte)

Für die Auflösung einer psychischen Umkehrung oder einer Selbstsabotage ist ein weiterer Klopfpunkt von Bedeutung: die Handkante (HK). Bei der Gehirnbalance und bei Augenrollen wird der Serienpunkt (SP) geklopft. Alle Punkte finden Sie hier in der Abbildung.

So gehen Sie vor:

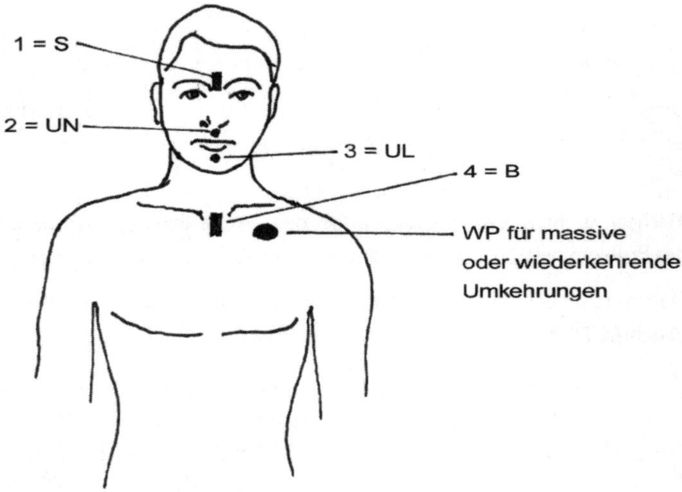

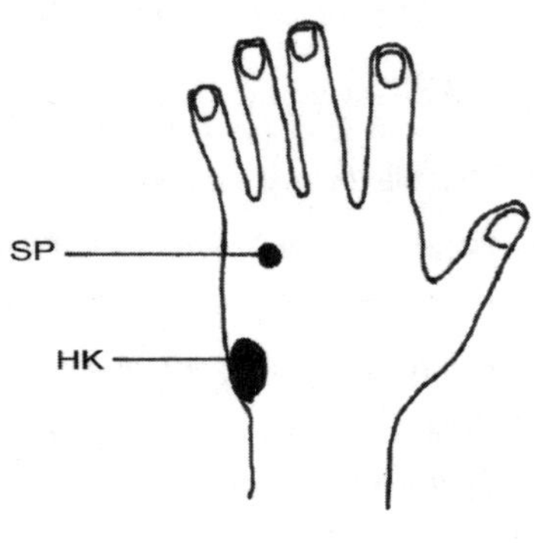

1. Thema oder Problem identifizieren

Welches spezifische Thema bereitet Ihnen Probleme und ist emotional aufgeladen oder besetzt? Nehmen Sie sich Zeit und überlegen Sie genau, welches Thema Sie bearbeiten möchten. Es kann für Sie hilfreich sein, hierzu einen Satz in Ich-Form zu formulieren oder aufzuschreiben, zum Beispiel:

> *Ich bin wütend wegen ..., Ich ärgere mich wegen ..., Ich bin traurig wegen ...*
>
> *Oder:*
>
> *Ich fühle mich wertlos, weil ..., Ich fühle mich missachtet. Ich fühle mich ausgenutzt.*

Denken Sie an das Problem, an dem Sie arbeiten wollen. Es sollte sich um ein einzelnes, spezifisches Thema (eine Emotion, eine sabotierende Überzeugung, eine Verhaltensweise) handeln.

Machen Sie Ihr Kreuzchen spontan bei dem Wert, der zeigt, wie sehr Sie das Problem belastet.

Der Wert 0 bedeutet: Sie empfinden überhaupt keinen Stress, der Wert 10 bedeutet: Hier ist Ihr Stresspegel am höchsten.

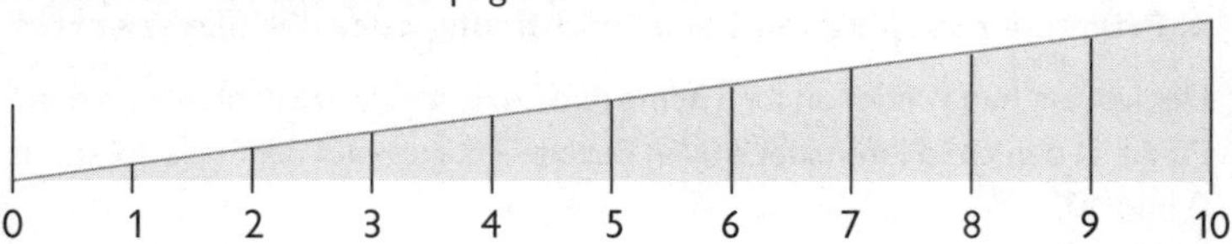

2. Die Psychische Umkehrung (PU) oder die Selbstsabotage auflösen

Klopfen Sie kontinuierlich und sanft (es soll nicht schmerzhaft sein!) Ihre Handkante (HK), während Sie dreimal leise oder laut zu sich sagen:

> *Ich akzeptiere mich selbst voll und ganz, obwohl ich dieses Problem habe.*
>
> *Oder:*
>
> *Ich akzeptiere mich selbst voll und ganz, obwohl ich wütend (verärgert, traurig) bin wegen ...*

Mit diesen Affirmationen lösen Sie eine mögliche Selbstsabotage auf. Alternativ können Sie auch folgende Affirmation sprechen:

> *Ich nehme mich vollständig an mit all meinen Problemen und Grenzen.*

Eine an dieser Stelle ausgesprochene Affirmation bildet eine bewusste Aussage und starke Selbstsuggestion, die sich unterstützend auf Ihre Selbstakzeptanz auswirkt. Gleichzeitig würdigen Sie das Problem, was eine wichtige Voraussetzung für dessen Auflösung ist. Probieren Sie aus, welche der drei obigen Affirmationen für Sie stimmig ist.

3. NAEM-Punkte klopfen

Vergleichen Sie noch einmal, wo sich die folgenden Klopfpunkte an Ihrem Körper befinden:

1 – S (Stirn)

2 – UN (Unter der Nase)

3 – UL (Unterlippe)

4 – B (Brust, auf der Erhöhung des Brustbeines)

Klopfen Sie jeden der Punkte jeweils 10-mal hintereinander – erst an der Stirn, dann 10-mal unterhalb der Nase usw. – während Sie dabei kurz an das Thema denken, das Sie belastet. Sie brauchen aber nicht besonders stark oder in allen Einzelheiten an das Thema zu denken, das ist nicht nötig.

4. Prüfen der subjektiven Beeinträchtigung oder des Stresswertes

Denken Sie nun wieder an Ihr Thema und bewerten Sie rein intuitiv (wie bei Punkt 1) den Grad Ihrer subjektiven Beeinträchtigung auf der Skala zwischen 0 und 10:

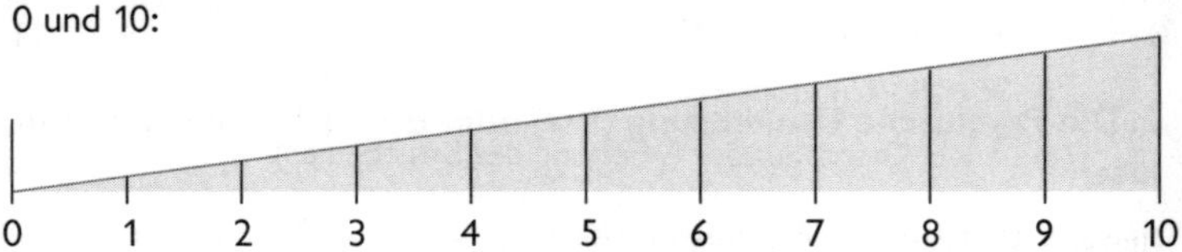

Wenn Ihr Stresswert nicht deutlich gesunken ist, liegt wahrscheinlich eine weitere PU oder Selbstsabotage vor. In diesem Fall wiederholen Sie Punkt 2 dieser Übung.

Massieren Sie den WP-Punkt, während Sie folgende Affirmation laut oder leise sprechen:

> *Ich akzeptiere mich voll und ganz, auch wenn ich mein Problem noch nicht vollständig gelöst habe.*

5. Gehirnbalance

Als Nächstes führen Sie die Gehirnbalance durch. Dazu klopfen Sie *kontinuierlich* den Serienpunkt (SP), *während* Sie nacheinander Folgendes tun:

Atmen Sie einmal tief ein und aus.

Schließen Sie Ihre Augen kurz.

Öffnen Sie Ihre Augen.

Schauen Sie nach unten rechts.

Schauen Sie nach unten links.

Bewegen Sie Ihre Augen im Kreis (360 Grad) im Uhrzeigersinn.

Bewegen Sie Ihre Augen im Kreis (360 Grad) gegen den Uhrzeigersinn.

Summen Sie ca. 5 Sekunden lang einen x-beliebigen Ton oder irgendeine Melodie.

Zählen Sie laut bis fünf.

Summen Sie wieder ca. 5 Sekunden lang einen x-beliebigen Ton oder eine Melodie.

6. NAEM-Punkte klopfen

Wiederholen Sie den Schritt unter Punkt 3, und klopfen Sie die Punkte

1 – S (Stirn)

2 – UN (unter der Nase)

3 – UL (Unterlippe)

4 – B (Brust, auf der Erhöhung des Brustbeines)

jeweils 10-mal in der obigen Reihenfolge.

Danach bestimmen Sie wieder den Grad Ihrer subjektiven Beeinträchtigung auf der Skala:

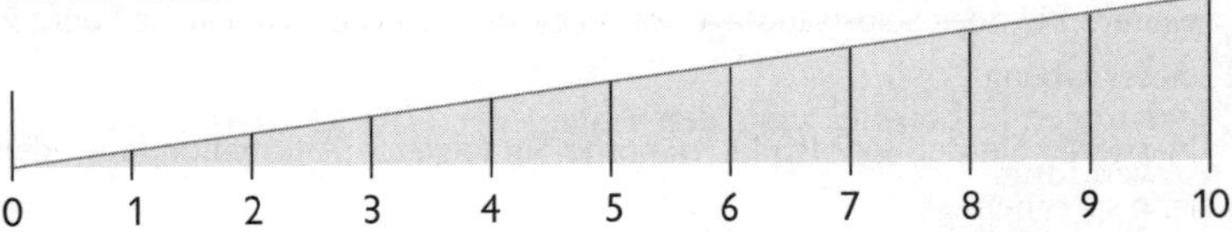

Der Wert sollte jetzt (noch) niedriger sein. Wenn er zwischen 0 und 2 liegt, gehen Sie weiter zu Schritt 7.

Machen Sie sich keine Sorgen, wenn nicht sofort eine vollständige Erleichterung eintritt oder wenn Sie das Gefühl haben, Sie haben gar keinen Fortschritt gemacht. Es ist manchmal erforderlich, dass man die Schritte 2 und 3 einige Male wiederholen muss, bevor eine Wirkung spürbar wird.

Klopfen Sie in diesem Fall den HK und sprechen Sie dreimal folgende Affirmation:

> *Ich nehme mich vollständig an, auch wenn ich dieses Problem noch nicht 100 %ig gelöst habe.*

7. Augenrollen

Wenn Ihr Stresswert zwischen 0 und 2 liegt, führen Sie jetzt das Augenrollen durch, um den Stress noch weiter abzubauen oder um die bisher erreichte Wirkung zu vertiefen:

Klopfen Sie kontinuierlich den Serienpunkt (SP), während Sie Folgendes tun:

> Atmen Sie einmal tief ein und aus.
>
> Bewegen Sie Ihre Augen sehr langsam und gleichmäßig vom Boden aufwärts in Richtung Decke; Ihr Kopf bewegt sich dabei nicht.
>
> Halten Sie Ihre Augen 2 oder 3 Sekunden lang in dieser Position (Richtung Decke schauen).
>
> Schließen Sie langsam die Lider, während Ihre Augen zur Decke gerichtet sind.
>
> Atmen Sie einmal tief ein und aus.
>
> Öffnen Sie Ihre Augen wieder.

Es kann gut sein, dass Sie während des Klopfens viel gähnen müssen. Lassen Sie es bitte zu, es ist ein gutes Zeichen und zeigt, dass Sie gerade Altes und Belastendes loslassen. Trinken Sie bitte auch ausreichend Wasser vor und nach der Übung.

Das folgende Beispiel zeigt den Ablauf der NAEM-Methode in der Anwendung.

> *Sonja wollte sich auf ein bevorstehendes Bewerbungsgespräch vorbereiten. Es stellte sich heraus, dass sie große Angst vor diesem Gespräch hatte. Wir tasteten uns behutsam an ihr Thema heran.*

Ich lud Sonja ein, mit der NAEM-Methode zu arbeiten. Ich habe sie gebeten, die vier NAEM-Punkte zu klopfen und dabei an ihre sabotierende Überzeugung („Ich kann nichts, ich bin eine Versagerin") zu denken. Ihr subjektiver Stresswert ist an zwei Stellen stehen geblieben, d. h. er ist nicht kleiner geworden. Deshalb habe ich ihr vorgeschlagen, den Wunden Punkt (WP) behutsam und langsam zu massieren anstatt den Handkantenpunkt (HP) zu klopfen, und dazu mehrmals laut zu sprechen: „Ich liebe und akzeptiere mich von ganzem Herzen, obwohl ich nichts kann und eine Versagerin bin." Der Stresswert ist auf 2 gesunken und wir schlossen die Übung mit Augenrollen ab.

Danach bat ich sie, an das bevorstehende Bewerbungsgespräch zu denken und fragte, ob sie noch Angst habe. „Nein, Angst habe ich nicht mehr; schön wäre allerdings ein wenig Zuversicht."

Mit der NAEM-Methode haben wir ein Gefühl von Zuversicht „geklopft". Zu Beginn fragte ich sie, wie hoch sie das Gefühl von Zuversicht auf der Skala von 0 bis 10 intuitiv erspüren konnte. Der Wert lag bei 5; sie wünschte sich einen Wert von 10. Nach mehrmaligem Klopfen war es ihr gelungen, den Wert tatsächlich auf 10 zu bringen.

In einer Visualisierungsübung sah Sonja sich selbst in der Bewerbungssituation und wie sie das Gespräch erfolgreich bewältigt. Zum Abschluss habe ich ihr aufgetragen, die Übungen der NAEM-Methode in den Tagen vor dem Bewerbungsgespräch täglich für ein paar Minuten durchzuführen.

Das Ergebnis: Nicht nur in der Visualisierungsübung war Sonja erfolgreich. Sie bekam tatsächlich den Job!

HELP: Healing Energy Light Process („Heilende Energie des Lichts")

Dies ist eine Übung, in der Dr. Fred P. Gallo verschiedene Techniken zusammengebracht hat. Er kombiniert hier Verfahren aus der Educational Kinesiology (Edu-K) und spezielle Brain-Gym-Übungen mit seiner „Negative Affect Erasing Method" (NAEM). Hinzu kommen Visualisierungen mit heilendem Licht und außerdem die sanfte Berührung bestimmter Akupunkturpunkte. Letztendlich setzen wir durch diese Übung wieder unseren Körper, Geist und Seele als Gesamtheit ein, um die Loslösung von unserer Selbstsabotage zu erwirken.

In der HELP-Übung* werden in Kombination mit Achtsamkeitspositionen, regelmäßigem Atmen und Affirmationen auch vier Klopfpunkte am Kopf und am Brustbein miteinbezogen:

1. Punkt: S	auf der Stirn zwischen den Augenbrauen („Drittes Auge")
2. Punkt: UN	unterhalb der Nase
3. Punkt: UL	unterhalb der Unterlippe
4. Punkt: B	oberer Teil des Brustbeins

Diese Punkte werden mit Zeige- und Mittelfinger sanft massiert bzw. (am Brustbein) sanft geklopft.

Absicht klären

Rufen Sie sich zunächst bitte wieder Ihre Absicht in Erinnerung. Schreiben Sie diese am besten auf einem Blatt Papier auf – oder auch gleich hier:

....

....

....

Ihre Absicht könnte z. B. wie folgt lauten:

> *Ich mache diese Übung mit der Absicht, das Gefühl des Unterlegenseins zu überwinden. Ich mache diese Übung mit der Absicht, mein Selbstvertrauen in Bewerbungsgesprächen zu stärken. Ich mache diese Übung mit der Absicht, meine Angst davor zu überwinden, verlassen zu werden.*

---

* Die Version der HELP-Übung von Dr. Gallo, die ich Ihnen hier vorstelle, wurde von der Heilpraktikerin Ulli Alter entwickelt. Ich danke Frau Alter für die freundliche Genehmigung![34]

Übung: HELP (Healing Energy Light Process) – Die heilende Energie des Lichts

Was möchten Sie verändern, wie lautet Ihre Absicht?

1 Setzen Sie sich bequem auf einen Stuhl. Nehmen Sie die erste Position der Achtsamkeit ein, indem Sie die Beine kreuzen. Strecken Sie die Arme nach vorne aus, legen Sie ein Handgelenk über das andere, kehren Sie die Handflächen zueinander, verschränken Sie die Finger und drehen Sie die Hände nach innen oben vor die Brust. Achten Sie auf eine aufrechte und entspannte Sitzhaltung. Das Kinn ist ein wenig zur Brust geneigt, so dass der Nacken gestreckt ist. Vielleicht ziehen Sie noch einmal bewusst die Schultern hoch und lassen Sie sie wieder fallen. Die Zungenspitze berührt den Gaumen hinter den Schneidezähnen.

2 Atmen Sie einige Male tief durch die Nase in den Bauch hinein ein und wieder aus. Sie können dabei die Augen schließen und sich ganz langsam auf die regelmäßige Atmung konzentrieren. Vielleicht stellen Sie sich dabei vor, wie der Atem durch Ihre Fußsohlen in den Körper strömt und wie beim Ausatmen der Atem Ihren Körper ebenfalls durch die Füße wieder verlässt.

3 Und während Sie atmen, stellen Sie sich Ihre Absicht vor. Atmen Sie ruhig weiter und vielleicht stellen Sie sich vor, wie ein immerwährendes, heilendes Licht vom Himmel herab auf Ihren Kopf scheint. Dieses Licht hat die Farbe, die Ihnen am besten gefällt und die Sie mit Heilung verbinden können. Stellen Sie sich vor, dass dieses Licht, während Sie atmen, in Ihren Körper eindringt und, beginnend am Kopf, durch Ihren ganzen Körper fließt und in jede einzelne Faser, in jede einzelne Zelle dringt. Es fließt von Ihrem Kopf hinunter zu den Schultern, in die Arme und Hände, erfüllt Ihren Brustraum, breitet sich im Bauch aus, erfüllt das Becken, den Rücken hinunter und fließt auch in Beine und Füße. Verweilen Sie eine kurze Zeit, vielleicht 1 oder 2 Minuten, bei diesem Bild und diesem Gefühl und denken Sie dabei wieder in angenehmer Weise an Ihre Absicht.

4 Nehmen Sie nun die zweite Position der Achtsamkeit ein. Lösen Sie dazu die Verschränkung der Arme und Beine. Stellen Sie die Füße parallel und mit der ganzen Fußsohle auf den Boden und legen Sie die Hände mit den sich berührenden Fingerspitzen bequem im Schoß ab.

5 Atmen Sie weiterhin ruhig und gleichmäßig. Vielleicht stellen Sie sich weiterhin vor, wie das heilende Licht Ihren ganzen Körper erleuchtet und fühlen Sie deutlich, wie der Atem durch Ihre Füße in Ihren Körper ein- und wieder hinausströmt. Bleiben

Sie 1 oder 2 Minuten bei diesem Gefühl und denken Sie dabei in angenehmer Weise an Ihre Absicht.

6 Beenden Sie nun auch diese Position. Ihre Augen bleiben geschlossen. Nehmen Sie bewusst wahr, wie Sie sich fühlen. Legen Sie nun Zeige- und Mittelfinger einer Hand mit sanftem Druck auf den Punkt zwischen Ihren Augenbrauen. Atmen Sie tief in den Bauch hinein ein und langsam wieder aus. Empfinden Sie dabei irgendeine Form von Unwohlsein oder Spannung, so stellen Sie sich vor, wie diese sich einfach auflösen. Sprechen Sie dabei laut oder leise folgenden Satz zu sich selbst:

> *Jeder Rest von Unbehagen bezüglich meiner Absicht verlässt jetzt meinen Körper, meinen Geist und meine Seele.*

7 Nun legen Sie zwei Finger unter Ihre Nase. Atmen Sie tief in Ihren Bauch hinein ein und langsam wieder aus, sagen Sie dabei laut oder leise zu sich selbst:

> *Jeder Rest von Unbehagen bezüglich meiner Absicht verlässt jetzt meinen Körper, meinen Geist und meine Seele.*

8 Legen Sie nun zwei Finger unter Ihre Unterlippe. Atmen Sie tief in Ihren Bauch hinein ein und langsam wieder aus, sagen Sie dabei laut oder leise zu sich selbst:

> *Jeder Rest von Unbehagen bezüglich meiner Absicht verlässt jetzt meinen Körper, meinen Geist und meine Seele.*

9 Als Nächstes legen Sie zwei Finger auf den oberen Teil Ihres Brustbeins. Wenn Sie mögen, können Sie diesen Punkt auch sanft klopfen. Atmen Sie wieder tief in Ihren Bauch hinein ein und langsam wieder aus, sagen Sie dabei laut oder leise zu sich selbst:

> *Jeder Rest von Unbehagen bezüglich meiner Absicht verlässt jetzt meinen Körper, meinen Geist und meine Seele.*

10 Atmen Sie ruhig weiter und entspannen Sie sich.

11 Legen Sie nun Ihre Hände auf Ihr Herz. Öffnen Sie Ihr Herz für Liebe und Dankbarkeit. Vielleicht empfinden Sie, wie sich Ihr Herz mit Liebe und Dankbarkeit füllt. Diese Liebe und Dankbarkeit können Sie nun an Ihre Absicht schicken.

12 Beenden Sie nun langsam die Übung. Öffnen Sie Ihre Augen. Kommen Sie langsam wieder in die Gegenwart zurück. Nehmen Sie Ihre Umgebung wieder bewusst wahr und lassen Sie sich Zeit, sich wieder zu orientieren.

Die Kraft Ihrer Atmung können Sie – wann immer Sie möchten – nutzen, um zur Ruhe zu kommen, eine tiefe Entspannung zu erreichen und um sich Ihrer Absichten bewusst zu werden. Der Prozess der Tiefenatmung sorgt für Klarheit und Ausgeglichenheit und ist eine fantastische Möglichkeit, um in Stresssituationen im Alltag schnell innehalten und zur Ruhe kommen zu können. Körper, Geist und Seele kommen in Einklang und Blockaden können effektiv gelöst werden.

Toolbox Nr. 7: Affirmative Massage

Die Entspannung ist die Voraussetzung, um sich einmal von behindernden Einstellungen – die als notwendiger Schutz erlebt werden, es tatsächlich auch sein können – zu lösen.

(Daniel Wilk)[35]

In der Hektik des Alltags kommen wir selten dazu oder vergessen es einfach, uns selbst etwas Zeit und Achtsamkeit zu widmen. Die folgende Übung ist eine einfache, effektive Massage, die ganz leicht mit einer Affirmation zu kombinieren ist. Das Angenehme dabei ist, dass Sie Ihrem Körper etwas Gutes tun und gleichzeitig Ihren Transformationsprozess unterstützen. Sie eignet sich wunderbar als Übung mit Ihrem Partner oder Ihrer Partnerin; Sie können sich aber auch selbst massieren; morgens, um richtig wach zu werden, oder abends, um zu entspannen. Mit der Affirmation richten Sie dabei Ihren „geistigen Kompass" positiv aus und beziehen auf entspannte Art und Weise die körperliche Ebene mit ein.

Übung: Affirmative Massage

Wählen Sie als Erstes sorgsam und bewusst eine Affirmation aus.

Wenn Sie die Empfängerin oder der Empfänger dieser Massage sind, setzen Sie sich bequem auf den Boden, auf einen Hocker oder rittlings auf einen Stuhl. Schließen Sie Ihre Augen oder lassen Sie den Blick irgendwo ruhen. Atmen Sie während der ganzen Übung ohne Anspannung und lassen Sie Ihre Gedanken – so weit das möglich ist – wie Schmetterlinge an einem Sommertag vorbeiflattern. Erlauben Sie sich einen ganz besonderen Moment der Entspannung. Schenken Sie Ihrem Körper und Ihrem Geist ein paar Minuten Ruhe. Freunden Sie sich langsam mit der Idee an, dass die nächsten Minuten ganz Ihnen allein gehören. Sprechen Sie Ihre Affirmation laut oder leise während der Massage vor sich hin – so oft, wie Sie wollen.

Wenn es für Sie in Ordnung ist, können Sie auch Ihren Partner oder Ihre Partnerin bitten, die Affirmation für Sie zu sprechen, während er oder sie

Sie massiert. Wenn es für Sie beide stimmig ist, können Sie die Affirmation auch gemeinsam sprechen. Wofür auch immer Sie sich entscheiden: Stellen Sie sich vor, wie das Gute und das Positive der Affirmation durch die Massage tief in die Zellen Ihrer Muskeln eindringt.

Wenn Sie die oder der Gebende sind, lassen Sie sich ruhig Zeit und atmen Sie ein paar Mal tief ein und aus, bevor Sie mit dem Massieren anfangen.

Und so massieren Sie:

Beginnend am linken Halsansatz massieren Sie sanft mit Ihren Fingerspitzen am Schulterkamm entlang, bis Sie die linke Schulter erreichen. An der Schulter angekommen, kehren Sie wieder zum Halsansatz zurück. Wiederholen Sie dies zweimal. Streichen Sie dann mit Ihrer Handfläche sanft und langsam vom linken Halsansatz bis zur linken Schulter, als ob Sie Haare oder Staub wegwischen wollten.

Beginnend am rechten Halsansatz massieren Sie sanft mit Ihren Fingerspitzen am Schulterkamm entlang, bis Sie die rechte Schulter erreichen. An der Schulter angekommen, kehren Sie wieder zum Halsansatz zurück und wiederholen dies zweimal. Streichen Sie dann mit Ihrer Handfläche sanft und langsam vom rechten Halsansatz bis zur rechten Schulter, als ob Sie Haare oder Staub wegwischen wollten.

Als Nächstes massieren Sie einige Minuten lang mit den Fingerspitzen beider Hände in kreisförmigen, sanften Bewegungen am Nacken entlang nach oben bis zur Schädelbasis. Vielleicht spüren Sie, wie diese sanften Bewegungen allmählich zu einer Lockerung der Nackenmuskulatur führen.

Abschließend können Sie die Muskulatur an jeder Schulter einige Minuten lang fest kneten. Auch hier können Sie die Affirmation noch einmal laut oder leise sprechen.

Atmen Sie beide zum Abschluss der Massage noch einige Male tief ein und aus. Wenn Sie heute diese schöne Massage empfangen haben, können Sie nun die Augen öffnen und – wenn Sie mögen – sich recken und strecken und das gute Gefühl der Entspannung noch eine Weile genießen.

Kreative Kombinationen

Ich bin zu der Erkenntnis gekommen, dass manche Techniken und Übungen sich gegenseitig nicht nur sehr sinnvoll ergänzen, sondern dadurch in ihrer Wirkung noch stärker werden. Techniken wie NAEM und HELP sind meiner Ansicht nach gerade deshalb so effektiv, weil sie verschiedene Aspekte und Ebenen in uns ansprechen und uns über mehrere Sinne erreichen.

Vor jeder inneren Veränderungsarbeit – wie eben auch bei der Begegnung und Auseinandersetzung mit sabotierenden Überzeugungen – ist es grundsätzlich sehr wichtig, dass Sie entspannt und möglichst ruhig und offen für Neues sind. In einem entspannten Zustand ist unser Unterbewusstsein viel eher bereit, mit uns in Dialog zu treten. Je entspannter Sie sind, desto mehr Antworten werden Sie bekommen.

Die Entspannungs- und Meditationsübungen sowie die Achtsamkeits- und Bewusstheitsübungen lassen sich jederzeit hervorragend mit anderen Übungen kombinieren. Es gibt keine Regel, Sie können wählen und ausprobieren, was Sie – am besten rein intuitiv und spontan – möchten. Sie könnten zum Beispiel vor einer intensiven Beschäftigung mit den Fragebögen (Seite 95) die Hook-Up-Übung aus der Toolbox Nr. 2 oder die Übung „Stillsitzen und lächeln" aus der Toolbox Nr. 2 machen. Angenommen, Sie brauchen immer wieder einen kreativen Einfall oder Sie möchten sich bei einer bestimmten Aufgabenstellung besser konzentrieren können. Dann wäre es gut, die Überkreuzübung sowie die Übung „Positive Punkte berühren" auf Seite 133 in Ihren Berufsalltag zu integrieren.

Egal, welche Übungen Sie miteinander kombinieren: Nehmen Sie sich Zeit, und seien Sie geduldig mit sich. Alle Übungen sind lediglich als Anregung für Sie gedacht. Sie alleine bestimmen, wann Sie in eine davon eintauchen oder wann Sie wieder auftauchen möchten. Und wenn Ihnen eine Übung „zu viel" wird, brechen Sie sie einfach ab und orientieren Sie sich neu. Dies können Sie am besten tun, indem Sie die Augen öffnen, aufstehen und ein paar Schritte gehen. Schauen Sie für ein paar Minuten aus dem Fenster oder suchen Sie das Gespräch mit einem anderen Menschen und sprechen Sie über ganz andere, alltägliche Dinge.

Auch die nächste Übung habe ich in den letzten Jahren entwickelt und erfolgreich angewandt: die **Zwei Türen.** Darin sind Affirmationen, die NAEM-Methode und eine Visualisierungsübung miteinander kombiniert.

Erster Schritt: Visualisieren

Denken Sie an die bevorstehende Situation, die in Ihnen ein unangenehmes, unbehagliches oder negatives Gefühl hervorruft. Nehmen wir an, Sie haben demnächst eine Gerichtsverhandlung.

Stellen Sie sich die folgende Frage: „Von welchem Gefühl will ich mich befreien?"

Angenommen, es ist die **Angst,** von der Sie sich befreien wollen. Schreiben Sie Ihre Antwort auf.

Stellen Sie sich die nächste Frage: „Welches Gefühl oder welche Gefühle heiße ich in dieser Situation willkommen?" Schreiben Sie wieder Ihre Antwort auf, z. B.: **„Vertrauen, Mut und Zuversicht".**

Stellen Sie sich nun vor, Sie seien im Besitz einer göttlichen Kraft. Was würden Sie sich und der Situation als Einsicht schenken wollen? Schreiben Sie Ihre Antwort auf, z. B.: **„Verständnis, Wohlwollen".**

Überlegen Sie sich, was ein gutes Ergebnis, ein gutes Ziel für diese Situation wäre, und schreiben Sie auch diese auf. Beispielsweise: **„Eine faire Verhandlung, Win-Win Situation".**

Spüren Sie jetzt nach, mit welchem Gefühl, mit welcher inneren Haltung Sie auf diese Situation und den beteiligten Menschen zukünftig schauen möchten: z. B. **„freundlich und entspannt".**

Zweiter Schritt: Affirmieren

Bilden Sie nun stimmige und für Sie glaubhafte Affirmationen, nach folgendem Muster:

Ich gehe den ersten Schritt, mich von meiner Angst zu befreien.

Ich heiße ***Vertrauen, Mut*** *und* ***Zuversicht*** *willkommen.*

*Ich bin auf den besten Weg, eine **faire Verhandlung** herbeizuführen.*

*Ich schaue **freundlich und entspannt** auf diesen Menschen.*

Dritter Schritt: NAEM-Übung

Denken Sie für einen kurzen Augenblick an die bevorstehende Situation und an Ihre Angst – Sie brauchen sich dabei nicht unwohl zu fühlen. Klopfen Sie die 4 NAEM-Klopfpunkte wie in der Übung auf Seite 157 beschrieben, bis Ihre Angst auf den Skalawert 0 heruntergeht.

Vierter Schritt: Visualisierungsübung: „Zwei Türen"

Übung: Zwei Türen

1 Setzen Sie sich bequem auf einen Stuhl. Wichtig ist, dass Ihre Wirbelsäule und Ihr Kopf aufrecht und in entspannter Haltung sind.

2 Legen Sie die Handflächen auf Ihre Knie oder in den Schoß, schließen Sie die Augen oder lassen Sie den Blick auf irgendetwas ruhen.

3 Atmen Sie während der ganzen Übung ohne Anspannung. Lassen Sie das Einatmen und das Ausatmen ganz natürlich und gleichmäßig fließen.

4 Erlauben Sie sich, dass Sie sich einer tiefen Ruhe hingeben, und öffnen Sie sich für die positiven Prozesse, die jetzt in Ihrem Innern möglich werden. Lassen Sie einfach alle Gedanken vorbeiströmen. Sie dürfen sich für den Moment einfach treiben lassen und diese Ruhe auskosten.

5 Lehnen Sie sich zurück und spüren Sie, wie sich schon die Ruhe in Ihnen langsam ausbreitet. Ihre Atmung wird ruhiger. Sie entspannen sich und begeben sich langsam auf eine innere Reise. Sie sind seit einiger Zeit schon unterwegs. Nach einer Weile sind Sie tief in Ihrem Innern angekommen. Vor Ihnen steht eine Tür. Über der Tür hängt ein Schild, und darauf steht: „Raum meiner Vergangenheit".

6 Wenn Sie möchten, nehmen Sie die Türklinke in die Hand und öffnen Sie behutsam die Tür zu diesem Raum. Betreten Sie langsam den Raum. Hier in diesem Raum befinden sich alle Ihre Erinnerungen, Ihre belastenden Gefühle, Ihre Projektionen, Ihr Schmerz und die Ängste, die mit Ihrem heutigen Thema zusammenhängen.

7 Lassen Sie all das, was Sie in diesem Raum finden, auf sich wirken. Es darf alles sein, was Sie in diesem Raum vorfinden. Und wenn es für Sie in Ordnung ist, verneigen Sie sich langsam und so tief wie Sie möchten vor all dem, was Sie heute belastet. Lassen Sie jetzt das Belastende los.

8 Verabschieden Sie sich in Ihrem eigenen Tempo von diesen Eindrücken und von diesem Raum. Kehren Sie langsam zur Tür zurück. Verlassen Sie diesen Raum und schließen Sie die Tür langsam hinter sich zu.

9 Atmen Sie tief und entspannt weiter. Lassen Sie hinter geschlossenen Lidern Ihren Blick ein wenig schweifen, bis Sie eine zweite Tür entdecken. Auch über dieser Tür hängt ein Schild. Auf dem steht: „Raum meiner Ziele und Wünsche“. Nehmen Sie die Türklinke langsam in Ihre Hand und öffnen Sie die Tür zu diesem Raum. Es ist ein heller, freundlicher Raum, der auf Sie wartet und willkommen heißt.

10 Mitten im Raum steht ein bequemer Sessel für Sie bereit. Gehen Sie langsam in den Raum hinein und nehmen Sie Platz in diesem Sessel. Atmen Sie ein paar Mal tief ein und aus. Während Sie hier ganz im Sessel entspannen, nimmt Ihr Inneres all das auf, was Sie brauchen, um Ihr Ziel zu erreichen und Ihre Wünsche zu erfüllen. Alles ist hier und wartet auf Sie. Nehmen Sie sich Zeit, all dies in sich aufzunehmen. Ihr Inneres weiß genau, was zu tun ist. Entspannen Sie sich und lassen Sie es einfach zu.

11 In Ihrem eigenen Tempo können Sie nun aufstehen und zur Tür gehen. Öffnen Sie die Tür und verlassen Sie diesen Raum. Kommen Sie in Ihrer eigenen Geschwindigkeit behutsam wieder hier und jetzt zurück. Und wenn Sie möchten, öffnen Sie Ihre Augen und nehmen Sie sich Zeit, sich vollständig zu orientieren.

Sei geduldig und stark, lass dir Zeit und vor allem:

sei sehr freundlich und liebevoll zu dir selbst.

Danksagung

Es ist das Herz, das gibt. Die Hände geben nur her.

(Sprichwort aus Zaire)

Ein geistiges Kind in die Welt zu setzen, war für mich ein immens aufregender und kostbarer Prozess. Ohne die Beiträge, Unterstützung, Geduld und Liebe einiger Menschen wäre jedoch weder dieser Prozess noch dieses Buch entstanden. Und diesen Menschen möchte ich meinen Dank aussprechen.

Meinem Lehrer, Dr. Fred P. Gallo, danke ich vom ganzen Herzen. Er hat mein Leben und das vieler meiner Klienten ganz entscheidend verändert. Er vermittelte uns Seminarteilnehmern Fertigkeiten und Wissen, doch es war das unerschütterliche Vertrauen, das er auf uns wie seine Klienten ausstrahlte, welches mir die Kraft zu einer großen persönlichen Veränderung gab.

In den letzten Jahren habe ich mein Wissen und meine Fähigkeiten im Bereich des Coachings auf unterschiedlichste Art und Weise erweitern dürfen. An dieser Stelle möchte ich all diejenigen ehren, die dazu beigetragen haben – auch wenn ich sie hier nicht alle namentlich erwähnen kann. Sie alle haben einen festen Platz in meinem Herzen.

Carmen-Daniela Leuschen danke ich von Herzen für ihre sehr wertvollen Ideen und Anregungen, ihre Unterstützung und liebevolle Ermutigung während der Entstehung dieses Buches. Sehr dankbar bin ich meiner Freundin Erika Miller, die in vielem für mich ein Vorbild ist. Sie geht mir voraus und erhellt meinen eigenen Weg mit ihrem „uralten", unschätzbaren, weiblichen Wissen. Für sein „uraltes", unschätzbares, männliches Wissen danke ich Alan Davie in Südafrika. Meiner Freundin Christina Rüdel danke ich für unzählige, wichtige Impulse in meinem Leben.

Meine große Dankbarkeit möchte ich auch ausdrücken gegenüber meinen Klienten, die mir ihr Vertrauen geschenkt haben. Erst der Austausch mit ihnen hat es mir überhaupt ermöglicht, dieses Buch zu konzipieren und zu schreiben. Ihre Offenheit und ihr Mut lassen mich demütig werden.

Frau Monika Jünemann vom Windpferd-Verlag danke ich sehr für die Veröffentlichung. Sie hat die Entstehung dieses Buches mit unvergleichlichem Vertrauen, Herzenswärme und Energie begleitet. Mein besonderer Dank gilt auch meiner Lektorin, Dörte Fischer, die mich kompetent, engagiert und feinfühlig in der Schlussphase unterstützt hat. Allen Mitarbeitern beim Windpferd-Verlag danke ich für die Projektbegleitung. Herzlich danken möchte ich auch Norbert Preisendörfer für seine Grafiken in diesem Buch.

Last but not least danke ich meiner Familie für ihre Hilfe und Ermutigung, die sie mir gab, während ich dieses Buch geschrieben habe. Sophie – dein Vertrauen, deine fröhliche Zuversicht und deine Liebe stärken mich stets. Mum – du hast mir in den schwierigsten Phasen meines Lebens stets den Rücken gestärkt und mit deiner Liebe zu mir gehalten.

Euch allen danke ich vom Herzen sehr.

Quellenverzeichnis

1 Zitiert in: Louise L. Hay, Gesundheit für Körper und Seele, Wilhelm Heyne Verlag, München, 8. Auflage, Taschenbuchausgabe 05/2001.

2 Callahan. R. J. & Callahan J., zitiert in: Fred P. Gallo, *Handbuch der Energetischen Psychotherapie*, VAK Verlag, Kirchzarten 2002, Seite 301.

3 Byron Katie, Lieben was ist. Wie vier Fragen Ihr Leben verändern können. Wilhelm Goldmann Verlag, München, 2002.

4 *Duden, das große Fremdwörterbuch,* Dudenverlag, 4. Auflage 2007, Seite 1200.

5 Robert Oxton Bolt, www.quotes.net

6 Quelle: Coaching Tools, Hrsg C Rauen, managerSeminare Verlags GmbH, Bonn 2004; hier Beitrag von Michael Fromm. Der Autor dieser Geschichte, Michael Fromm, hat mir freundlicherweise gestattet, sie hier inhaltlich wiederzugeben.

7 Chuck Spezzano, Das Buch der Erkenntnis, Verlag Via Nova, Petersberg, 5. Auflage 2002.

8 Manuela Miller, *Wut und Rache, die geheime Sprache des Inneren Kindes,* Audio CD, Auditorium Netzwerk Verlag, Müllheim 1999.

9 vgl. Professor Dr. Wolf Singer, Direktor am Max-Planck-Institut für Hirnforschung in Frankfurt am Main, in seinem Festvortrag bei der Auftaktveranstaltung zum neuen Funkkolleg Psychologie 2008/2009 am 25.10.2008 in der Justus-Liebig-Universität Gießen, vgl. www.hr-online.de/website/specials/wissen.

10 ebenda

11 zitiert in Funkkolleg Psychologie 2008/2009, Folge 3: *Wie wir fühlen,* vgl. www.hr-online.de/website/specials/wissen.

12 vgl. dazu auch: Candace B. Pert, *Moleküle der Gefühle, Körper, Geist und Emotionen,* Rowohlt Taschenbuch Verlag 2001, S. 200ff.

13 Quelle: Uwe Füllgrabe, Kriminalpsychologie. Täter und Opfer im Spiel des Lebens. Minerva Verlag, Mönchengladbach (1997).

14 Professor Horst Eberhard Richter, Psychoanalytiker, Arzt und Autor, in seinem Festvortrag bei der Auftaktveranstaltung zum neuen Funkkolleg „Psychologie“ 2008/2009 am 25.10.2008 in der Justus-Liebig-Universität Gießen, vgl. www.hr-online.de/website/specials/wissen.

15 Später erfuhr ich, dass diese Zeilen eine freie Nacherzählung eines Gedichtes von Dorothy Law Nolte sind, publiziert 1954 in Torrance Herold, Los Angeles County.

16 Lance Secretan, *Ganz oder gar nicht! Die sechs Prinzipien bewusster Führung und die Kunst, Unternehmen vom Sand im Getriebe zu befreien,* J. Kamphausen Verlag & Distribution GmbH, Bielefeld 2007.

[17] zum Beispiel: *Harenberg Lexikon der Sprichwörter und Zitate,* Meyers Lexikonverlag, 3. Auflage 2002 oder *Die deutschen Sprichwörter,* gesammelt von Karl Simrock, Philipp Reclam jun. GmbH & Co Stuttgart, Bibliographisch ergänzte Ausgabe 2000.

[18] www.zitate-online.de

[19] Louise L. Hay, *Gesundheit für Körper und Seele,* Wilhem Heyne Verlag 1984, 8. Auflage 1984.

[20] www.zitate-online.de

[21] Fred P. Gallo, Harry Vincenzi, *Gelöst, Entlastet, Befreit, Klopfakupressur bei emotionalem Stress,* VAK Verlags GmbH, Kirchzarten, 3. Auflage 2004.

[22] Sharon Begley, Neue Gedanken – neues Gehirn: Die Wissenschaft der Neuroplastizität beweist, wie unser Bewusstsein das Gehirn verändert, Wilhelm Goldman Verlag, München, 2. Auflage 2007, Vorwort.

[23] Wayne W. Dyer, *Der wunde Punkt, Die Kunst, nicht unglücklich zu sein, 12 Schritte zur Überwindung unserer seelischen Problemzonen,* Rowohlt Taschenbuch Verlag, Reinbek, 32. Auflage, Oktober 2007, Seite 59.

[24] www.wikiquote.org

[25] Quelle: www.thinkexist.com

[26] Manuela Miller, *Wut und Rache, die geheime Sprache des Inneren Kindes,* Audio CD, Auditorium Netzwerk Verlag, Müllheim 1999.

[27] Dr. Wayne W. Dyer, *How to be a No-Limits Person,* Audio CD, Nightingale Conant.

[28] Ingo Benjamin Jahrsetz, *Holotropes Atmen – Psychotherapie und Spiritualität,* Verlag Pfeiffer bei Klett-Kotta, Stuttgart, 1999.

[29] Daniel Wilk, *Innehalten und Verweilen, Geschichten, die Veränderungen ermöglichen,* Juni Verlag 1999, Seite 24.

[30] Thich Nhat Hanh, *Frei sein, wo immer du bist,* Audio CD, Theseus Verlag, 1. Auflage 2004.

[31] frei übersetzt nach: J. Donald Walters, *Art and Science of Raja Yoga: Fourteen Steps to Higher Awareness,* Motilal Banarsidass Publ. 2002, Seite 244 (Originalzitat: *„Affirmation of some kind is necessary as a means of awakening one's own inner powers."*

[32] Andreas Tenzer, www.zitate-aphorismen.de

[33] Fred P. Gallo, Harry Vincenzi, *Gelöst, Entlastet, Befreit, Klopfakupressur bei emotionalem Stress,* VAK Verlags GmbH, Kirchzarten, 3. Auflage 2004; Seite 61.

[34] Weitere Informationen zu der Arbeit von Frau Alter finden Sie auf: www.kinesiologie-praxis-berlin.de.

[35] Daniel Wilk, Innehalten und Verweilen, Geschichten, die Veränderungen ermöglichen, Juni Verlag, 1999, Seite 25.

Literaturverzeichnis

Alter, Ulli: vgl. Material und Informationen auf www.kinesiologie-praxis-berlin.de

Begley, Sharon: *Neue Gedanken - neues Gehirn: Die Wissenschaft der Neuroplastizität beweist, wie unser Bewusstsein das Gehirn verändert,* München: Goldmann, 2007

Damasio, Antonio R.: *How the Brain creates the Mind,* in: Scientific American Magazine, Heft 12, S. 4, New York, USA: Scientific American Inc., 2002

Dyer, Wayne W.: *How to be a No-limits Person,* Audio CD, Niles, USA: Nightingale Conant, 1999

Gallo, Fred P.: *Handbuch der Energetischen Psychotherapie,* Kirchzarten: VAK, 2002

Gallo, Fred P.: *Energetische Psychologie,* Kirchzarten: VAK, 2000

Gallo, Fred P./ Vincenzi, Harry: *Gelöst, Entlastet, Befreit, Klopfakupressur bei emotionalem Stress,* Kirchzarten: VAK, 2004

Geisser, Marcel: *Die Buddhas der Zukunft, Ein authentischer Buddhismus für den Westen – Wege zu unserer Befreiung,* München: Kösel, 2003

Hanh Nhat, Thich: *Frei sein, wo immer du bist,* Audio CD, Stuttgart: Theseus, 2004

Hay, Louise L.: *Gesundheit für Körper und Seele,* München: Heyne, 1984

Huber, Manuela: *Der innere Garten. Ein achtsamer Weg zur persönlichen Veränderung,* Paderborn: Junfermann, 2006

Jahrsetz, Ingo Benjamin: *Holotropes Atmen - Psychotherapie und Spiritualität,* Stuttgart: Pfeiffer/ Klett-Cotta,1999

Kabbal, Jeru, *Quantensprung zur Klarheit,* Bielefeld: Kamphausen, 2008

Katie, Byron: *Lieben was ist. Wie vier Fragen Ihr Leben verändern,* München: Goldmann, 2002

Klinghardt, Dietrich: *Lehrbuch der Psycho-Kinesiologie,* Stuttgart: INK Institut für Neurobiologie, 2006

Luczak, Dr. Hania: *Wie wir denken,* in: *GEOkompakt Nr. 15,* Hamburg: Gruner + Jahr, 2008

Miller, Manuela: *Wut und Rache, die geheime Sprache des Inneren Kindes,* Audio CD, Müllheim-Baden: Auditorium Netzwerk, 1999

Pert, Candace B.: *Moleküle der Gefühle, Körper, Geist und Emotionen,* Reinbek: Rowohlt, 2001

Rauen, Christopher (Hg.): *Coaching-Tools: Erfolgreiche Coaches präsentieren 60 Interventionstechniken aus ihrer Coaching-Praxis,* Bonn: ManagerSeminare, 2004

ScienceDaily: *Body-mind Meditation Boosts Performance, Reduces Stress,* Beitrag vom 9. Okt. 2007, Maryland, USA: ScienceDaily, 2007

Secretan, Lance: *Ganz oder gar nicht! Die sechs Prinzipien bewusster Führung und die Kunst, Unternehmen vom Sand im Getriebe zu befreien,* Bielefeld: Kamphausen, 2007

Singer, Wolf: D*as Geheimnis der Gamma-Oszillation,* Interview, in: GEO 01/09, S. 155, Hamburg: Gruner + Jahr, 2009

Spezzano, Chuck: *Das Buch der Erkenntnis,* Petersberg: Via Nova, 2002

Walters Donald J.: *Art and Science of Raja Yoga: Fourteen Steps to Higher Awareness,* Neu-Delhi, Indien: Motilal Banarsidass, 2002

Wilk, Daniel: *Innehalten und Verweilen. Geschichten die Veränderungen ermöglichen,* Bad Krozingen: Juni, 1999

Lexika und Nachschlagewerke

Die deutschen Sprichwörter, Karl Simrock (Hg.), Stuttgart: Reclam, 2000

Duden, das große Fremdwörterbuch, Mannheim: Dudenverlag, 2007

Lexikon der Sprichwörter und Zitate, Mannheim: Meyers Lexikon, 2002

Online-Lexikon der Neurowissenschaft, www.wissenschaft-online.de

www.wikipedia.de

Empfohlene Weblinks

Randy Gage: www.randygage.com

Dr. Fred P. Gallo: www.energypsych.com

Jeru Kabbal: www.jerukabbal.com; www.clarityproject.de

John Bligh Nutting: www.core-beliefs-balance.com

Anhang

Informationen zur Energetischen Psychologie

Die Energetische Psychologie ist ein recht junger Zweig der Psychologie. Sie entstand in den frühen 1960er-Jahren in den USA. George Goodheart, ein Chiropraktiker aus Detroit, der sich mit Angewandter Kinesiologie (eine Methode, die Elemente aus der komplementären Medizin wie Manualtherapie, Akupunktur, Ernährungstherapie und andere vereint) beschäftigte, experimentierte mit dem Klopfen verschiedener Akupunkturpunkte („Klopfakupressur"), um bei einem Patienten eine Schmerzlinderung herbeizuführen. Zwanzig Jahre später fanden der Psychiater John Diamond und der Psychologe Roger Callahan – völlig unabhängig voneinander – heraus, dass Klopfakupressur an bestimmten Akupunkturpunkten zu einer Auflösung von negativen Emotionen wie Ängsten, Phobien und schmerzlichen Erinnerungen führt. Roger Callahan entwickelte in seiner weiteren klinischen Forschungsarbeit seine sehr wirkungsvolle „Thought Field Therapy" (TFT, „Gedankenfeldtherapie").

Ende der 1990er-Jahre erarbeitete Fred P. Gallo seine eigenen Methoden, die „Energy Diagnostic and Treatment Methods" (EDxTM, Energetische Diagnose und Behandlungsmethoden) und bot diese in Fortbildungen für Therapeuten und Coaches an. Seine Techniken wirken ähnlich wie die „Emotional Freedom Technique", (EFT, Technik der Emotionalen Freiheit) von Gary Craig.

Weitere Informationen

www.energypsych.com (Offizielle Website von Dr. P. Fred Gallo) oder bei diversen Instituten, die Ausbildungen in EDxTM in Deutschland anbieten.

www.rogercallahan.com (Offizielle Website von Dr. Roger Callahan)

www.garythink.com (Offizielle Website von Gary Craig)

Die Methoden von Dr. Gallo

EDxTM™: Energy Diagnostic and Treatment Methods (Energetische Diagnose und Behandlungsmethoden)

NAEM™: Negative Affect Erasing Method (Methode zur Auslöschung negativer Affekte/Gefühle)

HELP™: Healing Energy Light (Heilende Energie des Lichts)

Alle genannten Methoden tragen ein Trademark. Für die bessere Lesbarkeit haben wir in diesem Buch darauf verzichtet, bei jeder Nennung darauf hinzuweisen.

Über die Autorin

Pamela Preisendörfer ist Karriereberaterin und Life Change Coach mit eigener Praxis in Frankfurt am Main. Sie berät Fach- und Führungskräfte sowie Privatpersonen bei ihrer beruflichen und persönlichen Entwicklung. Ihre beliebten Gruppenarbeiten beinhalten systemische Aufstellungen sowie das Erlernen diverser Techniken zum Abbau von Stressproblematiken, so z.B gezielte Meditations- und Atemübungen oder die Arbeit mit Glaubenssätzen und Affirmationen.

In Großbritannien geboren und aufgewachsen, zog Pamela Preisendörfer nach ihrem Studium der Sprachwissenschaften und Literatur in England und Frankreich nach Deutschland, wo sie ihre Karriere im Bereich Marketing und Kommunikation bei einem globalen Telekommunikationskonzern begann. Es folgten Führungspositionen in internationalen Dienstleistungsunternehmen sowie langjährige Erfahrung in einer global tätigen Personalberatung. Vor ihrer Selbständigkeit war sie einige Jahre in Frankfurt am Main und New York mitverantwortlich für den Aufbau und die Organisation von G100, einem der renommiertesten US-amerikanischen Wirtschafts- und Diskussionsclubs für Vorstandsvorsitzende und Aufsichtsräte börsennotierter Unternehmen.

Der Prägung von Denk- und Verhaltensmustern durch Familie, Sprache und Kultur gilt seit jeher die besondere Aufmerksamkeit von Pamela Preisendörfer. Sie ist qualifiziert für Business- und Personal Coaching, System- und Organisationsaufstellung, Energetische Psychologie (Energy Diagnostic & Treatment Methods) nach Dr. Fred Gallo und

Psychokinesiologie. Ihre Ausbildung zur Meditationslehrerin hat sie an der UTA Akademie in Köln absolviert. Während eines längeren Aufenthaltes in China erlernte sie bei Großmeister Liu die Technik des Zhineng QiGong, einer traditionellen Heilmethode für Körper, Geist und Seele.

Seit 2004 ist Pamela Preisendörfer selbständig und leitet erfolgreich einen internationalen Karriere- und Coaching-Dienst.

www.possumani.de

Die CD zum Buch

Pamela Preisendörfer
Glaubenssätze & Überzeugungen
Meditationen und Anleitungen

Die CD bietet die sieben im Buch aufgeführten Entspannungsübungen und Meditationen zur Potenzialentfaltung – damit Sie sich voll und ganz auf Ihren inneren Prozess einlassen können.

1 Den Atem achtsam beobachten
2 Den Atem aus einem anderen Blickwinkel beobachten
3 Der Film in meinem Kopf
4 Stillsitzen und lächeln
5 Drei starke Freunde
6 HELP – Heilende Energie des Lichts
7 Zwei Türen

Spielzeit ca. 55 Minuten · www.windpferd.de